Procedencia de las imágenes:
Archivo Municipal de Vitoria-Gasteiz (cubierta e interior).
Fundación Sancho el Sabio (pág. 125).

© De la presente edición: Ediciones Beta III Milenio, S.L. 2024
Avda. Ramón y Cajal, 35. 48014 Bilbao
Tel.: 94 476 11 55
edicionesbeta@edicionesbeta.com
www.edicionesbeta.com

ISBN: 978-84-19227-55-3
D.L.: BI-00150-2024

Realización técnica: Ediciones Beta III Milenio, S.L. Printed in Spain.

Santiago de Pablo

UNA TRAGEDIA POLÍTICA

*La Segunda República en Vitoria
vista por Tomás Alfaro Fournier*

ÍNDICE

Presentación

Pese a su trascendencia histórica, hasta hace relativamente poco Tomás Alfaro Fournier (1892-1965) era un personaje poco conocido, incluso en Vitoria-Gasteiz, la ciudad en la que trascurrió la mayor parte de su trayectoria vital. Es cierto que, en los últimos tiempos, su vida y su obra han sido rescatadas del olvido, pero todavía muchas personas lo identifican sobre todo como pintor, debido a la calle que se le dedicó como tal en la capital alavesa en la Transición. Sin embargo, Alfaro fue un hombre polifacético, que también ejerció de músico, conferenciante, escultor, empresario, militar, escritor, dinamizador de la vida social vitoriana y, sobre todo, político. Entre 1931 y 1936 fue uno de los principales dirigentes de la izquierda republicana en Álava. En abril de 1931 fue elegido concejal y teniente de alcalde de Vitoria, llegando a actuar como alcalde *de facto* de la ciudad durante buena parte del periodo republicano, hasta que en julio de 1936 fue destituido por los militares sublevados.

Tomás Alfaro Fournier.
Fondo T. Alfaro. Archivo Municipal de Vitoria-Gasteiz.

Pese a sus innumerables ocupaciones, durante la Segunda República tuvo tiempo de escribir con infatigable constancia un diario personal, en el que iba anotando hechos e impresiones, no solo de lo que ocurría en Vitoria, sino de la evolución política y social del País Vasco y de toda España. A diferencia de lo que sucede con las memorias escritas a posteriori, en que los recuerdos aparecen maquillados por el paso del tiempo, un diario es una fuente directa de valor incalculable, llena de inmediatez y sinceridad. Este es el caso de los trece cuadernos escritos por Alfaro a lo largo del periodo republicano, bruscamente cortados por su detención en la noche del 19 al 20 de julio de 1936. Sus páginas, de gran fuerza narrativa, muestran cómo se desarrolló la Segunda República en Vitoria día a día, sin autocensuras ni cortapisas. Como no podía ser de otra manera, lo hacen con una perspectiva subjetiva, pero se trata del testimonio de un protagonista clave en la trayectoria de la ciudad en esa época, tan convulsa como apasionante.

Este libro cuenta precisamente la historia de Vitoria y de Álava entre 1931 y 1936 a través de los ojos de Tomás Alfaro. Es también una biografía política suya durante la República. Salvo en los capítulos inicial y final, que resumen la vida del autor antes y después del quinquenio republicano, a lo largo del texto he dejado hablar al propio Alfaro, a través de citas textuales de su diario. Mi función se ha limitado a rellenar huecos y a explicar el contexto en que se van sucediendo los acontecimientos que él mismo narra en primera persona. Su publicación no hubiera sido posible sin la amabilidad de doña María Victoria Alfaro Drake y de su hermana Mercedes (q.e.p.d.), que me dejaron consultar este documento y publicar sus fragmentos. Solo espero que quien lea este libro aprenda su lección de historia desde dentro y disfrute de su lectura, del mismo modo que yo disfruté de los diarios originales, cuando me acerqué a ellos por primera vez, con la misma ilusión de quien descubre una antigua tumba sepultada o unas pinturas rupestres, escondidas durante siglos a los ojos de la humanidad[1].

---

[1] Mientras no se indique lo contrario, las frases entrecomilladas pertenecen al diario manuscrito de Alfaro, del que publiqué una primera versión en un capítulo de los *Premios Literarios Ciudad de Vitoria-Gasteiz, 1986-1987* (Fundación Sancho el Sabio, 1990). Se han realizado algunas correcciones ortográficas o de puntuación para favorecer la lectura. Este libro se enmarca en un proyecto subvencionado por el Ministerio de Ciencia e Innovación PID2022-138385NB-I00, en el marco del Grupo de Investigación de la UPV/EHU GIU 23/007.

1. De la Monarquía a la República, 1892-1931

María Drake, fotografiada por su esposo, en torno a 1923-1926.
Fondo T. Alfaro. Archivo Municipal de Vitoria-Gasteiz.

Tomás Alfaro Fournier nació en Valladolid el 7 de julio de 1892. Se trasladó, sin embargo, aún muy niño a Vitoria, de donde procedía buena parte de su familia. Por su ascendencia, ha sido considerado miembro de la "aristocracia vitoriana" de finales del siglo XIX. Su padre, Juan Bautista Alfaro Martínez, era un conocido industrial textil de la localidad, mientras que su madre, María Mercedes Fournier Partearroyo, había heredado la imprenta que su progenitor, Heraclio Fournier, regentaba en la capital alavesa desde 1870. A principios del siglo XX, la empresa fundada por el abuelo de Tomás era ya conocida por su cuidada impresión y fabricación de naipes, convirtiéndose en un símbolo que ha llegado hasta nuestros días.

Tras estudiar en el Colegio de los Marianistas de Vitoria, Tomás Alfaro obtuvo el título de profesor mercantil y —en los años treinta— estudió la carrera de Derecho, licenciándose por la Universidad de Valladolid. El 26 de noviembre de 1924 contrajo matrimonio en la capilla del Palacio episcopal de Madrid con María Asunción Drake Santiago, que en 1950 heredaría de su padre el marquesado de Cañada Honda. Se habían conocido el año anterior, cuando ella había visitado Vitoria durante el verano. Solo tenía diecisiete años, trece menos que su futuro marido. Según su hijo, Tomás Alfaro Drake, "al volver de esa estancia en Vitoria a su casa en Madrid, mi madre anunció que antes de un año se iba a casar. En su casa la tomaron a broma. Ella se puso muy seria y dijo que era una decisión firme y que se casaría sí o sí. Y se casó", con solo dieciocho años[2].

Ofició la ceremonia el obispo de Madrid, Leopoldo Eijo y Garay, que entre 1917 y 1923 había ocupado la sede episcopal de Vitoria. A la boda asistió un "gran número de personas de la aristocracia madrileña" y la pareja marchó después de viaje de novios hacia París y Niza. El matrimonio Alfaro Drake tuvo seis hijos: María Luisa, que murió a los dos años de nacer, Mercedes, María Asunción, Francisco, María Victoria y Tomás. En este período, Tomás Alfaro Fournier dedicó su actividad profesional a la dirección y gestión de la fábrica de sacos de yute que había heredado

---

[2] Alfaro Drake (2018).

de su padre, llegando a ser consejero de la Asociación Yutera de España. En 1929, su sociedad se fusionó con otra empresa similar vitoriana, La Carmela, y en 1932 volvió a hacer lo mismo con Hilaturas de la Rica, de Bilbao.

La juventud de Tomás Alfaro Fournier transcurrió entre múltiples actividades, convirtiéndose en un referente en la vida social y cultural vitoriana. La primera noticia publicada en la prensa local sobre él se refiere a su primera comunión, que recibió en el Colegio de los Marianistas el 19 de marzo de 1903, cuando tenía diez años[3]. Sin embargo, pronto los periódicos comenzaron a reflejar su variado y extraordinario dinamismo. Para empezar, desde muy joven se interesó por la práctica del deporte. En julio de 1908 aparece como delantero, disputando un partido de fútbol en el campo de Lacua. Según la prensa de la época, el choque reunió a "los mejores jugadores de tan saludable sport" en Vitoria pero, en el terreno futbolístico, Alfaro enseguida es especializó en el arbitraje: por ejemplo, en 1914 dirigió el encuentro entre el New Club de Vitoria y el Club Deportivo de Mondragón. Al año siguiente arbitró el choque entre el Llodio Football Club y el Deportivo de Vitoria. En su labor, se mostró "imparcialísimo, viendo y castigando con mucha oportunidad las faltas de los equipiers de ambos equipos".

Alfaro se convirtió enseguida en un "distinguido sportman vitoriano", que se especializó en deportes considerados entonces elitistas, como el tenis, el golf o el tiro de pichón. Desde mediados de la década de 1910 fue asiduo en los campeonatos de *lawn-tennis* que organizaba "la aristocrática sociedad Vitoria-Club", situada en el paseo de la Senda. También actuaba como árbitro de este deporte y llegó a ser secretario del Vitoria-Club. Además, en diciembre de 1922 fue nombrado miembro de la comisión de tenis del Deportivo Alavés, que entonces era un club promotor de todo tipo de deportes. Tres años más tarde, formó también parte de la comisión de golf de la entidad albiazul. Por si fuera poco, practicó también el ciclismo y era un entusiasta de la pelota vasca: como tal, participó en varios torneos de mano y de raqueta, celebrados en el Frontón Vitoriano. Era asimismo aficionado al mar y llegó a obtener el título de patrón de pesca, que ejercía durante los veranos que pasó en la localidad guipuzcoana de Fuenterrabía. Por último, no desdeñó tampoco el arte taurino:

---

[3] Los datos de este primer capítulo proceden de las noticias aparecidas en *Heraldo Alavés*, *La Libertad*, *El Noticiero Bilbaíno* y *Euzkadi*. No los citamos en cada caso para no alargar la extensión del texto.

en mayo de 1921, uno de los diestros que participaba en una novillada en Vitoria brindó su faena "al inteligente aficionado práctico Tomás Alfaro".

La cultura fue otro de los campos de acción del joven Alfaro. En 1911, con solo diecinueve años, escribía ya en el diario católico *Heraldo Alavés*, en el que publicó varios relatos y poemas. Estos últimos hicieron que otro colaborador del periódico hablara de él como "un verdadero poeta". Era solo el principio de una actividad periodística que a lo largo de su vida le llevaría a difundir textos en publicaciones de muy diverso carácter, como *La Libertad, Ateneo, Álava Republicana, El Socialista Alavés, El Pájaro Azul, Pensamiento Alavés* o *Fin de Año*. Su inventiva se amplió al terreno musical: fue miembro de la Junta de la Sociedad Coral Vitoriana; organizó veladas, funciones benéficas y cotillones; y compuso algunas obras, como el ballet *Libélula*, sobre el vals brillante número 2 de Chopin, que se representó en un festival a beneficio de la Cruz Roja en 1929 en el Teatro Príncipe.

Destacó también desde muy joven como conferenciante, participando en actos organizados por entidades sorprendentemente heterogéneas. Entre las charlas impartidas en esta primera época cabe mencionar "Tres pintores y tres épocas: Greco, Goya y Zuloaga" (Ateneo de Vitoria, 1915), "La España de Goya" (Centro de Sociedades Obreras de la UGT, 1915), "Arte y Libertad" (Círculo Republicano, 1915) o "El amor a los niños" (Centro de Obreros Católicos, 1916). Ya en 1920 impartió en el salón de actos de esta última entidad una velada necrológica en honor de Concepción Arenal, organizada por el Ateneo. En su discurso, Alfaro puso a esta escritora gallega, pionera de los derechos de las mujeres, como "ejemplo de verdadero feminismo":

Ha seguido la senda más derecha de dignificación de la mujer, ha despreciado la creencia general de que una mujer para dar pruebas de cultura, debe parecerse a un hombre, y ha desarrollado en sus escritos toda la delicadeza del espíritu femenino, envolviendo sus razonamientos más contundentes en un fino tul de ensueño y de amor que, dulcificándolos, templan la cortante frialdad de la razón. Con su ejemplo, ha enseñado a la mujer un fértil campo donde ejercer la más bella de las misiones.

Especial significación tuvo la conferencia impartida en el Ateneo en 1915, en honor del músico donostiarra José María Usandizaga, que acababa de fallecer. Al hablar de sus composiciones musicales, Alfaro mostraba una visión romántica "de nuestra querida tierra vasca", representada por el mar, la montaña, el caserío y "los robles seculares, comparables solo a los hijos del país". Antes de concluir que el "arte de la Patria es el alma de ella porque es la esencia de los sentimientos", Alfaro expresaba una perspectiva idealizada de la vida rural vasca:

> Allí dentro, vive pacíficamente la familia campesina. El viejo patriarca severo y fuerte que parte la hogaza de pan negro a la hora del yantar cuotidiano, después de rezar el *pater noster* de bendición. La madre, limpia y sana, que después de limpiar la casa y preparar la comida, se sienta al lado de la lumbre donde cuecen los pucheros, para hacer calceta. Los hijos, incansables en el trabajo, que andan todo el día en los campos; y la rubia y sonrosada hija que cose en el portalón, en las tardes de sol y da mientras tanto rienda suelta al ensueño de sus amores.
>
> También las ha rimado en los días alegres de la primavera, cuando cantan los pajarillos a los primeros albores del sol, cuando suena en la ermita la voz del Ángelus y plañe dulcemente la campana, en esa hora romántica del atardecer, en que vuelven los trabajadores del campo con el cuerpo cansado y el corazón alegre, lleno de paz, en busca del descanso en sus hogares.

Precisamente en el paisaje se centró en buena medida su actividad como pintor, que llevó a cabo en su estudio, situado primero en un cuarto piso de la calle del Sur (actual Manuel Iradier) y después en el Prado. En 1914, con solo veintidós años, realizó su primera exposición, de la que se hizo eco la revista donostiarra *Novedades*. Al año siguiente fue designado secretario de la Sección de Bellas Artes del Ateneo de Vitoria, que presidió Fernando de América. En 1918 editó una serie de postales vitorianas, con dibujos de rincones característicos de la ciudad. Uno de ellos, que representaba el Palacio de Bendaña, en la parte vieja de Vitoria, fue elegido como cartel oficial de las fiestas patronales de la Virgen Blanca del año 1925. El año anterior, Alfaro había pasado a formar parte de la Junta del Círculo Vitoriano. Con esta actividad tan apabullante, no es extraño que la prensa vitoriana se hiciera pronto eco de sus habilidades artísticas. Así lo describía en 1916 Julio Ochoa en el diario liberal *La Libertad*:

Alfaro es un enigma simpático como artista, uno de esos soñadores que parecen llevar un ventilador en el cerebro y hacen con él una dispersión inimitable de ideas y primores… porque debo advertirle, querido lector, que Tomasito pinta, dibuja, esculpe, escribe y hace música clásica, y todo ello con ingenio de maravilla. ¿No habéis admirado nunca una piedra preciosa de exóticos cambiantes, que en cada faceta nos ofrece un nuevo encanto de luz? Pues ese es el símil más acertado de Tomasito Alfaro.

Dos años antes, un artículo publicado bajo seudónimo en el mismo periódico iba aún más lejos, presentando a Alfaro como un revulsivo para el mortecino ambiente cultural y social de la capital alavesa:

De entre la uniformidad gris y cretina, cual gota de roja sangre, ha surgido el gran valiente de un espíritu batallador y joven. En las tinieblas sin fondo de la farsa y la mentira, ha brillado refulgente el sol de la verdad desnuda. En el concierto mansurrón e hipócrita, una nota viril ha sonado (…).

La hazaña de Tomás Alfaro es insólita en el anodino historial de la vida vitoriana. Bien es verdad que Tomás Alfaro de raza de geniales héroes viene. Sólo así es fácil la comprensión de su gesto gallardo, un hombre, joven o viejo, que en alta voz diga lo que siente; que en los periódicos y bajo su firma auténtica, no escudado tras falso anónimo ni fiado en la responsabilidad de directores mercenarios, estereotipe sus sentires, es, en Vitoria, un caso excepcional, ya se ha dicho, insólito.

¡En Vitoria, donde los espíritus más sanos se contagian y se atrofian con la atmósfera viciada y corrupta del medio; en Vitoria, donde la hipocresía todo lo absorbe y lo llena todo, hase oído la voz de la verdad de labios de un vitoriano joven y entusiasta! La verdad clara y escueta, bravamente, sin prejuicios atávicos; la verdad en toda su admirable y bella desnudez, sin detenerse a pensar en los disgustos y sinsabores que ese su gesto gallardo acarrearle podía.

Vitoria está de enhorabuena.

Por último, Alfaro fue también cinéfilo, fotógrafo y cineasta amateur. En 1929 fundó y presidió el primer cine club que se creó en Vitoria. Como fotógrafo, donó a su muerte al Archivo Municipal 1.967 imágenes, de carácter familiar, tomadas en las primeras décadas del siglo XX. Su obra incluye paisajes del País Vasco, retratos, escenas deportivas y veraniegas, así como un conjunto de fotos de la guerra de Marruecos, tomadas durante su estancia allí como militar, entre 1921 y 1922. En cuanto a sus rodajes amateur, únicamente conocemos unas cintas impresionadas precisamente en el norte de África. En abril de 1922, la prensa informó que habían "sido obsequiadas las fuerzas de la guarnición con una función gratuita de cinematógrafo en el Nuevo Teatro, proyectándose vistas de lugares de Marruecos, tomadas por don Tomás Alfaro".

Precisamente la carrera militar fue otra parte importante de su polifacética personalidad. Dentro de la escala de complemento, ascendió de cabo a sargento en el Regimiento bilbaíno de Garellano en octubre de 1915. En junio de 1917 ya había ascendido a "segundo teniente de la reserva gratuita", siendo destinado a realizar sus prácticas al Regimiento de Guipúzcoa, con sede en Vitoria. En teoría, ahí podía haber acabado su recorrido en el Ejército, pero, tras el desastre de Annual, en el verano de 1921, decidió presentarse voluntario para ir a África, donde el Ejército español había sufrido una humillante derrota. En efecto, el 9 de noviembre de ese año, la prensa informaba de que "ayer marchó a incorporarse al segundo batallón de Garellano, que opera en Marruecos, nuestro paisano y amigo don Tomás Alfaro, alférez de complemento, que solicitó ir voluntario a campaña". Iba acompañado por otro voluntario y, según *Heraldo Alavés*, "a despedir a ambos han acudido muchos amigos y sus familias, tributándoseles una cariñosísima despedida. Van muy animados y alegres, deseosos de entrar 'en faena' para vengar los crímenes cometidos por los rifeños y vindicar el honor patrio".

El mismo día de su marcha, participó en un partido benéfico de raqueta en el Frontón Vitoriano, cuya recaudación se iba a destinar a los soldados de Vitoria que prestaban servicio en Marruecos. El propio Alfaro, además de jugar el encuentro, "adquirió 50 entradas y las distribuyó entre soldados que paseaban en la calle de Dato". La cantidad recaudada fue de 502 pesetas, "que llevará a África Tomás Alfaro, en persona, para entregarla a las autoridades militares, que se encargarán de hacerla llegar en la parte proporcional a los soldados de esta guarnición". La prensa aplaudió el gesto de Alfaro, realizado "por su propia voluntad y por el deseo de servir a la Patria. Digna de loa es su conducta, ya que abandona las comodidades de su brillante posición para cambiarlas por las molestias y los riesgos de la guerra. Nosotros le deseamos mucha suerte y que vuelva con una laureada". Su estancia en África fue breve, aunque suficiente como para ser condecorado con la Medalla de África: en marzo de 1922 regresó a Vitoria, decretándose su paso a la reserva, y en abril del mismo año era ascendido a teniente de complemento del arma de Infantería, siendo este el máximo grado militar que alcanzó.

Su intervención en política fue de escasa trascendencia hasta el advenimiento de la Dictadura de Primo de Rivera, en 1923. Significativamente, una de las primeras referencias aparecidas en la prensa acerca de sus ideas políticas fue una carta publicada en *La Libertad* en abril de 1913, en la que Alfaro respondía a *La Gaceta de Álava*, portavoz en Vitoria del Partido Integrista (una escisión ultracatólica del carlismo). Este diario había criticado un artículo anterior, escrito por Alfaro con seudónimo, calificando a su autor como "anticatólico". Alfaro respondió que los integristas no eran "nadie para dar semejantes certificados de catolicismo" y que él era tan "católico como el que más".

Esta actitud anticarlista fue clave en su primera intervención política: en 1914 participó en la campaña para la elección como diputado a Cortes por Vitoria del líder monárquico conservador Eduardo Dato e Iradier, al que también apoyaba su padre, Juan Bautista Alfaro. El móvil de la campaña electoral —en la que Dato contó con el apoyo de buena parte de la izquierda local— era impedir la elección del candidato carlista. Sin embargo, unos años después Alfaro pasó a integrar las filas del nacionalismo vasco, al que, en estos momentos, consideraba la única fuerza popular capaz de imponerse al caciquismo reinante en la política alavesa. Además, la visión romántica del País Vasco que había mostrado en la mencionada conferencia sobre Usandizaga y en otras ocasiones era un humus adecuado para que prendiera en él el ideal sabiniano. Como nacionalista vasco, apoyó en marzo de 1919 al *jeltzale* Luis Álava Sautu en su frustrado intento de derrotar en las elecciones a Cortes por el distrito de Amurrio a Luis Urquijo Ussía, el representante de la saga de los marqueses de Urquijo, que ejercía un férreo control político sobre esa zona de Álava. También colaboró en esta época en cuestiones a favor de los nacionalistas vascos presos y actuó como orador en el batzoki de Vitoria, en un acto en el que participaron varios "entusiastas patriotas". No obstante, su militancia nacionalista vasca fue fugaz, pues —como hemos visto— en 1921 aparecía ya presentándose voluntario para defender a España en el norte de África[4].

---

[4] Quizás en esta época fue cuando, según el testimonio de Luis Ángel Apraiz Oar, "estudió Tomás [Alfaro] el euskera, iba a clase con mi madre, pero veía el estudio de nuestra lengua vernácula como un interesantísimo proceso investigativo de lengua muerta" (*Celedón*, 1996).

Años más tarde, Alfaro explicaba cómo del nacionalismo vasco le habían atraído "su situación independiente, la honorabilidad desinteresada de sus dirigentes y el romanticismo de su rebeldía contra el caciquismo imperante (…). Si fue nacionalista vasco por poco tiempo —decía de sí mismo—, lo fue lealmente"[5]. Sin embargo, pronto se dio cuenta de que no podía aceptar el programa del Partido Nacionalista Vasco (PNV), ya que, aparte de su "ideología patriótica", incluía aspectos que no compartía. Por eso se separó enseguida de los *jeltzales*, "aunque con gran sentimiento y en toda ocasión los he considerado como afines, mucho más hoy —escribía en su diario en 1931—, en que han iniciado una marcada tendencia democrática y liberal".

Al implantarse la Dictadura de Primo de Rivera, el Directorio militar trató de fabricarse un nuevo partido, la Unión Patriótica, encarnación de las ideas del régimen, en el que ingresaron un buen número de antiguos carlistas, mauristas, conservadores, católicos independientes, nacionalistas y personas que hasta este momento no habían participado activamente en la vida política. Generalmente, las autoridades gubernativas trataban de lograr la integración en la Unión Patriótica del mayor número posible de personalidades de la vida local. En estas circunstancias, Tomás Alfaro fue requerido para figurar en las filas del nuevo partido. Las ideas liberales de Alfaro chocaban, sin embargo, frontalmente con el carácter que iba adquiriendo el régimen dictatorial. Indignado, Alfaro renunció a encuadrarse en la Unión Patriótica y, como prueba evidente de su protesta, se afilió al Partido Republicano Alavés. En marzo de 1928, todavía en pleno periodo dictatorial, fue elegido miembro de la Junta Provincial del partido, compartiendo tareas con conocidos republicanos locales, como el futuro alcalde Teodoro González de Zárate, Dámaso Villanueva, Félix Susaeta o César Castresana.

En ese tiempo, los republicanos, dado el sesgo que habían tomado los acontecimientos políticos, se habían refugiado en un "espléndido aislamiento", del que apenas escapaban para organizar banquetes y reuniones, más propias de un centro social o cultural que de un verdadero partido político. Una excepción fue el golpe cívico-militar, dirigido por el monárquico opuesto a la Dictadura José Sánchez Guerra, que en enero de 1929 intentó agrupar a sectores militares, políticos y sindicales de izquierdas para derribar a Primo de Rivera. Una comisión del Regimiento 2º de Montaña, con sede

---

[5] Alfaro Fournier (1987: 42 y 345).

en Vitoria, se entrevistó con Alfaro para lograr el apoyo de los republicanos alaveses al movimiento. Este prometió hacerlo, si el golpe tenía un objetivo político claro contra la Dictadura, más allá de las cuestiones corporativas que interesaban a muchos militares. Alfaro llegó a viajar en su vehículo particular a Logroño para comprobar si la guarnición de esa ciudad se había adherido al pronunciamiento. Sin embargo, el inmediato fracaso de la asonada en toda España hizo que las gestiones conspirativas de Alfaro y de los militares y republicanos de Vitoria quedaran en nada.

En cualquier caso, el retraimiento del republicanismo permitió a este sector político afrontar esperanzadamente el período que siguió a la caída de la Dictadura, en enero de 1930. El desprestigio del régimen dictatorial arrastró en su declive a la propia institución monárquica, de modo que la marcha de Primo de Rivera a Francia dejó a la Monarquía en un callejón sin salida. Las ideas políticas que en estos momentos profesaba Alfaro quedaron reflejadas en los artículos que publicó en el semanario *Álava Republicana*. También, de forma condensada, en la conferencia que en mayo de 1930 pronunció en el Centro de Sociedades Obreras de la Unión General de Trabajadores (UGT) de Vitoria:

Para establecer la vida nueva es preciso derrumbar sin miramiento alguno el edificio de la antigua, del mismo modo que para cultivar un campo, debemos antes arrancar toda anterior vegetación y remover la tierra hasta que no quede ni una sola raíz que pueda retoñar (…).

¿Acaso pueden ir unidas la Monarquía y la libertad? La monarquía es la negación del derecho de igualdad de los hombres (…). Y si como principio fundamental no hay ya quien pueda defender con razonamientos el gobierno monárquico, mucho menos defendible es en España, porque la Monarquía española de los Borbones, continuadora de la obra destructora de los Austrias, ha dado el último golpe a nuestro derrumbamiento colonial, ha provocado en el seno de los españoles la más cruenta guerra civil y en una palabra ha rematado la obra de ruina y derrumbamiento de la nación.

2. Las elecciones municipales de 1931 y la proclamación de la República

Miguel de Unamuno en un acto de apoyo a la República en Vitoria, en septiembre de 1930. A su izquierda, el líder republicano local Ramón López Andueza.
Foto Yanguas. Archivo Municipal de Vitoria-Gasteiz.

Los meses que mediaron entre enero de 1930 y la llegada de la República en abril de 1931 presenciaron un continuo debilitamiento de las posiciones monárquicas, tanto en Vitoria como en toda España. La izquierda y el republicanismo, por el contrario, fortalecían día a día su implantación en las ciudades, donde la vida política se manifestaba con más sinceridad y vitalidad que en las zonas rurales. En febrero de 1931, Alfaro auguraba —en una conferencia pronunciada en el Centro Republicano de Vitoria— que la Monarquía estaba "herida de muerte". Y concluía: "Debiera el Monarca seguir el ejemplo de Amadeo de Saboya (...). Estamos en plena revolución. Continuaremos con tesón y firmeza porque el triunfo es nuestro y ya está cercano". En efecto, los días de la Monarquía estaban contados. Las elecciones municipales convocadas para el 12 de abril de 1931 por el Gobierno del almirante Aznar dieron la puntilla al reinado de Alfonso XIII. La convocatoria de las elecciones iba a permitir —por vez primera desde 1923— tomar el pulso a la opinión política del país. De ahí que derechas e izquierdas se aprestaran a la lucha electoral como si en ello les fuera la vida.

En Vitoria, como en otras capitales de provincia, una candidatura republicano-socialista se enfrentó a una lista monárquica, en la que carlistas, integristas y alfonsinos —antaño encarnizados enemigos— se habían unido para hacer frente a la conjunción "revolucionaria". Los nacionalistas vascos eran muy débiles en Vitoria y, al verse sin opciones y atrapados entre dos aguas, decidieron no presentarse a los comicios. A finales de marzo, Tomás Alfaro era designado candidato de la conjunción republicano-socialista por el vitoriano distrito del Mercado[6]. Era la primera ocasión en que participaba en la lucha electoral. Acudía a ella —comentaba— no movido por la ambición, sino por espíritu de servicio hacia la ciudad que le había visto crecer y a cuya prosperidad quería contribuir.

La trascendencia de la ya próxima cita electoral era advertida por todos los contendientes. Alfaro escribía la víspera de los comicios: "Las elecciones

---

[6] Las elecciones municipales no se celebraban, como en la actualidad, con listas únicas para todo el término municipal, sino que cada distrito electoral designaba sus propios concejales (como si se tratara de provincias, en el sistema electoral español hoy vigente para los comicios generales, pero con listas abiertas).

de mañana son un plebiscito nacional; de ellas saldrá o el afianzamiento de la Monarquía o el advenimiento inmediato de la República. Si triunfamos los antimonárquicos, y así lo esperamos, será mañana el primer día en la Revolución". Las elecciones del 12 de abril se celebraron sin incidentes graves en Vitoria y en toda España. El único reseñable en la capital alavesa tuvo lugar a primeras horas de la mañana, cuando un seguidor de José María Albiñana (fundador del filofascista Partido Nacionalista Español), procedente de Bilbao, trató de arrancar un cartel de propaganda republicana en la céntrica calle Dato. Tomás Alfaro, que casualmente pasaba por aquel lugar, le afeó su conducta. El joven albiñanista intentó abalanzarse sobre él y le amenazó con una navaja. Fue detenido, aunque el mismo día 12 salió en libertad sin cargos, al solicitarlo así el propio Alfaro.

En el Ayuntamiento de Vitoria, merced al copo obtenido en el distrito rural (integrado por los pueblos que rodeaban a la ciudad), la derecha logró dieciséis concejales, frente a los quince de la conjunción republicano-socialista. En los distritos urbanos, la victoria de la izquierda fue manifiesta. Sin embargo, los republicanos recibieron con sorpresa e indignación la derrota de su candidato a alcalde, Gabriel Martínez de Aragón Urbiztondo, exdiputado monárquico liberal y hombre de gran prestigio en la ciudad. Martínez de Aragón había sido colocado en un distrito *seguro*, el del Instituto, en el que, de cuatro candidatos (dos monárquicos y dos republicanos), se elegían tres concejales, de modo que —aun perdiendo, como era previsible que así fuera— saliera elegido, sacrificándose el otro candidato republicano. Las derechas, en una hábil maniobra, utilizaron los votos que les *sobraban* (dato conocido, pues era un distrito pequeño) para votar al otro candidato republicano, Saturnino Apraiz, forzando la elección de este y alcanzado así su objetivo de dejar fuera del Ayuntamiento a Martínez de Aragón.

"Don Gabriel Martínez de Aragón —explicaba Alfaro— ha sido derrotado en el distrito del Instituto y esto ha sido un gran dolor. Esta derrota ha sido posible por una hábil maniobra electorera de nuestros contrarios que, con el fin de que no saliera, dieron los votos que les sobraban a Apraiz (otro candidato nuestro) para que saliera en minoría. Esta maniobra les ha llenado de alegría y decían: 'Hemos torpedeado el barco almirante'. Yo les contesté: 'Pero el almirante se ha salvado y aún ha de dar mucha guerra'". En efecto, Martínez de Aragón sería posteriormente nombrado gobernador civil de Álava y más tarde llegaría a ser fiscal general de la República y presidente del Consejo de Estado.

A partir de la noche del 12 de abril comenzaron a saberse en toda España los resultados de las elecciones municipales, favorables en la inmensa mayoría de las capitales de provincia a la conjunción republicana. Esa misma noche, Alfaro —ya elegido concejal del Ayuntamiento de Vitoria— escribía: "La Monarquía no podrá sostenerse después de esta derrota y yo creo que el próximo domingo será España una República". En este caso, Tomás Alfaro fue incluso demasiado pesimista, pues no hubo que esperar al domingo 19. El martes 14 de abril, tan solo dos días después de las elecciones, Alfonso XIII —ante lo que se interpretaba como un plebiscito popular en contra de la Monarquía— abandonaba España y se proclamaba la República, primero en Eibar y después en Madrid. Ante estas noticias, a las tres de la tarde del 14 de abril se reunieron en el Círculo Republicano de Vitoria los dirigentes y concejales republicanos y socialistas, acordando no precipitarse y esperar a que llegaran más noticias. A las seis de la tarde, una comisión se dirigió al Gobierno Civil para pedir a su titular que entregara el mando de la provincia a Martínez de Aragón, nombrado gobernador civil interino por el Comité republicano-socialista local. La negativa del gobernador monárquico a traspasar los poderes obligó a los republicanos a organizar una manifestación que se dirigió al Gobierno Civil, donde, a pesar de que seguían sin recibirse órdenes concretas de Madrid, Martínez de Aragón asumió el mando de la provincia. Después, la manifestación marchó al edificio del Ayuntamiento —en el que se izaron la bandera republicana y, a petición de varios jóvenes nacionalistas, la ikurriña— y por último a la prisión, de la que fueron excarcelados los presos políticos.

La noche del 14 de abril, Martínez de Aragón recibió del nuevo ministro de Gobernación del Gobierno provisional de la República un telegrama (dirigido en realidad al gobernador monárquico, pues en Madrid no sabían que los republicanos vitorianos habían tomado el poder), ordenándole que entregara el gobierno provincial al presidente de la Audiencia. Los republicanos, alarmados ante las consecuencias que podía tener esta orden —pues en Vitoria ocupaba la presidencia de la Audiencia un antiguo directivo de la Unión Patriótica— trataron de entrevistarse en la estación de tren con el recién nombrado ministro socialista Indalecio Prieto, del que se esperaba que pasara por Vitoria, procedente del exilio parisino. Ante la tardanza del líder socialista, a las tres de la madrugada Tomás Alfaro, acompañado por el concejal del PSOE Primitivo Herrero, decidió dirigirse en automóvil a Madrid, con el fin de obtener del Gobierno el nombramiento oficial de Martínez de

Aragón como gobernador civil. En la mañana del 15 de abril, Alfaro y Herrero se entrevistaron con el subsecretario de Gobernación. Sus peticiones fueron atendidas, pues a última hora de la tarde llegaba a Vitoria la noticia de que Martínez de Aragón había sido nombrado gobernador civil de Álava.

A su vez, hasta el 5 de junio de 1931 no se constituyó definitivamente el Ayuntamiento de Vitoria. Ello fue así porque los republicanos habían protestado las elecciones del 12 de abril, por presuntas irregularidades electorales cometidas por las derechas en esos comicios, y el Gobierno provisional de la República, favoreciendo los intereses de sus correligionarios alaveses, había ordenado la repetición parcial de la votación. Tras las nuevas elecciones, celebradas el 31 de mayo, la corporación municipal viró hacia la izquierda y quedó integrada por dieciséis concejales republicanos, tres del PSOE, nueve derechistas y tres del PNV, partido que sí se presentó a la elección parcial. Gracias a la mayoría absoluta del bloque antimonárquico, el republicano Teodoro González de Zárate fue nombrado alcalde, mientras Tomás Alfaro pasaba a ocupar el cargo de primer teniente de alcalde de Vitoria. Además, y dado que González de Zárate pidió a lo largo de su mandato numerosas licencias para dedicarse a sus asuntos particulares, quien de hecho llevó las riendas del gobierno municipal vitoriano durante buena parte de la Segunda República fue Tomás Alfaro Fournier.

La reacción de la opinión pública alavesa ante la proclamación de la República fue en un principio relativamente favorable al nuevo régimen. Un buen número de antiguos monárquicos abrazaron el republicanismo y en muchos pueblos se crearon centros republicanos. Mientras los monárquicos estaban desorientados, "los nacionalistas vascos crecían como la espuma, nutriéndose —en parte— de derechistas defraudados". Había, no obstante, quien se aferraba a los modos y hábitos del régimen anterior, y lamentaba vivamente su desaparición. "Muchos hombres —apuntaba Alfaro— han reaccionado así. Les molesta la nueva bandera, el nuevo himno, el que quiten de los cuartos de estandartes, de los despachos oficiales, de las escuelas, … los retratos del rey… y han llorado un poco rabiosamente. Histerismo, todo ello es histerismo afeminado y cursi".

3. La aprobación de la Constitución

Celebración del Primero de Mayo de 1931 en Vitoria: el alcalde González de Zárate, en el centro, junto a Pablo Rada, a su derecha, y Ramón Franco, a su izquierda, con boina. Foto Yanguas. Archivo Municipal de Vitoria-Gasteiz.

En los primeros meses de la República, la cuestión religiosa y el problema autonómico centraron la atención de la opinión pública en el País Vasco. La primera afectó a toda España: a mediados de mayo, grupos de extremistas incontrolados hacían arder en Madrid y en otras ciudades españolas algunos conventos y otros inmuebles religiosos. La izquierda culpó del incidente a las provocaciones monárquicas y a la excesiva transigencia ante estas del Gobierno provisional, mientras la derecha acusaba al ejecutivo, presidido por el republicano conservador Niceto Alcalá-Zamora, de no haber protegido los edificios católicos. El 11 de mayo, escribía Alfaro en su diario, refiriéndose a la actitud de los derechistas y a la quema de conventos: "Pero, pasados los primeros días y en vista de la transigencia del Gobierno, han comenzado a tender sus redes y a torpedear a la naciente República. Era precisa una acción enérgica y dictatorial contra los que se han sometido pero no se entregan, pues de otro modo, tarde o temprano tendrá que surgir el descontento. Por el contrario, la transigencia es ya debilidad".

Sin embargo, el propio Alfaro comprendía que también a veces la transigencia en cuestiones de escasa entidad era positiva y podía servir para atraer a la República a los que aún no simpatizaban con ella. Comentando la sesión del Ayuntamiento en que se decidió cambiar los nombres de determinadas calles de Vitoria, sustituyendo las denominaciones de carácter religioso o monárquico por otras de significado político opuesto, afirmaba: "Ha sido una sesión lamentable. Yo tengo que reconocer que algunos de los concejales republicanos son de una cerrazón e intransigencia enormes. Es una lástima porque las mayorías deben transigir en algunas cosas que no sean doctrinales para dar sensación de benevolencia a las minorías".

En cuanto a la cuestión vasca, Alfaro era partidario de una solución autonómica, siempre que esta fuera promovida por la República y no por sus enemigos. Por ello, participó en las reuniones "pro Fueros", promovidas a partir de mayo de 1931 por el Ayuntamiento de Vitoria. No estaba, sin embargo, en absoluto de acuerdo —como el resto de los republicanos y socialistas— con el proyecto de Estatuto de Estella, aprobado en esta localidad navarra por un buen número de ayuntamientos de las cuatro provincias el 14 de junio de 1931. Este Estatuto autonómico solo fue apoyado por los municipios controlados por el PNV, por los carlistas o tradicionalistas y por sectores derechistas en general. En efecto, el proyecto de Estella era extremadamente amplio en cuanto a las facultades autonómicas del futuro "Estado Vasco" y reservaba a este las relaciones con la Iglesia y el régimen de cultos, previendo incluso la posibilidad de que Euskadi firmara un concordato con el Vaticano. Como sus correligionarios, Alfaro pensaba que el proyecto autonómico no era más que una maniobra antirrepublicana: "Los que han votado por el Estatuto de Estella son los malos vascos, los que por poner dificultades a la República son capaces de hacer imposible la consecución de nuestros deseos autonómicos, ya que para ellos sería vergonzoso que los consiguiéramos de la España liberal".

El 28 de junio de 1931 tuvieron lugar las elecciones a Cortes Constituyentes de la República. La victoria de la izquierda, alentada por el entusiasmo republicano que siguió a la proclamación del nuevo régimen, fue casi absoluta en toda España. En Álava —una circunscripción tradicionalmente conservadora—, esta circunstancia permitió a la izquierda conseguir un triunfo que no volvería a repetirse en todo el período republicano. El veterano republicano Félix Susaeta, médico odontólogo y candidato de la coalición republicano-socialista, fue el más votado, seguido muy de cerca por José Luis Oriol Urigüen, principal dirigente de la Comunión Tradicionalista alavesa durante la etapa republicana. Ambos fueron elegidos diputados por Álava en las Cortes Constituyentes, mientras el candidato del PNV, Pantaleón Ramírez de Olano, director del diario bilbaíno *Euzkadi*, tuvo que conformarse con el tercer puesto y se quedó sin escaño en el parlamento. Tomás Alfaro participó activamente en la campaña electoral de la izquierda, celebrada "con gran entusiasmo", y se congratuló de que la elección fuera "muy pacífica en Vitoria y en toda España".

A pesar de ello, no dejó de lamentar las supuestas coacciones cometidas por la derecha y la intervención en política de parte del clero, apoyando las candidaturas defensoras del Estatuto de Estella. Refiriéndose a Vizcaya —donde, como también en Guipúzcoa y Navarra, nacionalistas y tradicionalistas acudieron coaligados—, escribía: "Con una máscara de vasquismo, las derechas, los carlistas, los antiguos upetistas [miembros de la Unión Patriótica de Primo de Rivera] y algunos nacionalistas trogloditas, apoyados por un clero desacreditado, dominador, político, que rememora con placer sus dominios de la época carlista y quiere a toda costa resucitarlos, han hecho unas campañas de coacción intolerables. Desde el púlpito se han recomendado candidaturas, como si el votarlas o no fuera artículo de fe".

El verano de 1931 transcurrió con la elaboración de la Constitución por las Cortes como telón de fondo. Para Alfaro, acertar en la redacción de la ley fundamental de la República era imprescindible para asegurar un futuro prometedor al régimen. Había que centrar la vida política, llevando a la práctica una verdadera democracia, sin dejarse arrastrar por la demagogia —defecto en el que caían a menudo los republicanos en esas fechas— y combatiendo con firmeza lo que él denominaba extremismos de la derecha y de la izquierda: "En Vitoria, por supuesto —escribía—, este ambiente de demagogia pueblerina existe como en todas partes. El pueblo se deja fácilmente conducir por el que predica estridencias irrealizables, porque no tiene suficiente cultura para comprender que el mejoramiento de una clase social no puede ser cosa de un día".

El 9 de diciembre de 1931 las Cortes aprobaban definitivamente la nueva Constitución, que había sido rechazada por la derecha española y por el PNV, a causa del sectarismo que atribuían a los artículos referentes a la cuestión religiosa. Al día siguiente, Niceto Alcalá-Zamora, republicano católico y moderado, era elegido presidente de la República. Tomás Alfaro valoraba positivamente esta decisión, de acuerdo con la línea política que, dentro de la coalición republicano-socialista, había venido manteniendo: "La elección ha sido verdaderamente acertada. Don Niceto Alcalá Zamora representa ante la nación en primer lugar un hombre de alto prestigio y honradez política, que sacrificó todo por traer este nuevo régimen. En segundo lugar, por su tendencia derechista dentro de la República es un freno contra los extremismos, muy naturales en estos momentos en que todos queremos superarnos en el terreno de las innovaciones".

El primer Gobierno constitucional de la Segunda República se constituyó poco después. Presidido por Manuel Azaña (el líder del partido Acción Republicana), estaba integrado por ministros socialistas y republicanos de izquierda. La entrada en vigor de la Constitución y la designación del Gobierno significaron también el relevo del gobernador civil de Álava. Martínez de Aragón —que había actuado en cuestiones controvertidas, como la expulsión del obispo de Vitoria, Mateo Múgica, o su excesiva intromisión en asuntos que no eran de su competencia— fue sustituido por el republicano guipuzcoano José María Amilibia.

4. La cuestión religiosa y la conflictividad social

Niños acogidos en la Fundación Molinuevo de Vitoria, con el obispo Mateo Múgica y varios sacerdotes, religiosas y laicos.
Foto Yanguas. Archivo Municipal de Vitoria-Gasteiz.

En los primeros meses de 1932, la tensión político-religiosa se encendió de nuevo por el decreto del Gobierno por el que, cumpliendo uno de los preceptos constitucionales, se disolvía a la Compañía de Jesús y se procedía a la nacionalización de sus bienes. La protesta de los sectores alaveses que se proclamaban católicos fue, como en ocasiones semejantes, unánime y clamorosa. Alfaro, aun apoyando en la práctica la decisión gubernamental, no podía menos de reconocer en su diario el escaso espíritu democrático de un decreto que privaba a los jesuitas de los derechos civiles que la República predicaba para todos los ciudadanos: "Es posible —decía— que en pura doctrina democrática no pueda defenderse esta medida, pero acaso haya sido necesaria para acabar con este oculto poder que tiene sus garras extendidas por toda España".

A mediados de febrero, cuando apenas se habían calmado los ecos de las protestas por la expulsión de los jesuitas, un suceso en apariencia de escasa importancia volvió a encrespar los ánimos de unos y otros en cuestiones relacionadas con el problema religioso en Vitoria. El diario católico *Heraldo Alavés* publicó un artículo en el que acusaba a varios republicanos locales de pertenecer a la masonería. En respuesta, algunos izquierdistas, entre los que se encontraban dos hijos de Martínez de Aragón, asaltaron la sede de *Heraldo Alavés* y agredieron a varios redactores del periódico. Amilibia, el gobernador civil —que se encontraba en Madrid, junto con Alfaro, gestionando varios asuntos locales— impuso una multa al periódico católico y a la vez ordenó la detención de los implicados en el asalto. Martínez de Aragón, ya nombrado fiscal general de la República, manifestó a Amilibia y a Alfaro su disconformidad con las medidas tomadas contra sus hijos: "Las cuestiones contra las derechas —afirmó— resueltas 'manu militari' no son legales, pero a veces son eficaces". Se trataba de una declaración cuyas implicaciones podían ser graves, puesto que procedían de uno de los más altos cargos del poder judicial del Estado. Alfaro explicaba así la actitud de Gabriel Martínez de Aragón: "No sabe mantenerse en su cargo y quiere esgrimirlo, faltando incluso a la justicia. Tiene además celos de que todo Vitoria esté al lado del nuevo gobernador y no hubiera estado a su lado".

Los conflictos sociales y laborales, poco frecuentes habitualmente en Vitoria hasta la década de 1930, se intensificaron y agravaron también en estos meses. En los comentarios de Alfaro a cada uno de esos conflictos puede observarse el núcleo de su pensamiento acerca de la cuestión social: su obsesión por el mantenimiento del orden, el rechazo de los extremismos y la necesidad por parte de los empresarios de ir concediendo gradualmente mejoras —sobre todo apoyando y atrayéndose a la central socialista UGT, en detrimento de los sindicatos más extremistas— para evitar trastornos sociales:

> El miércoles último —escribía a principios de diciembre de 1931— se produjo en Vitoria una huelga general, motivada por haber metido en la cárcel a varios obreros que pretendían sabotear el trabajo de varios tajos del Ayuntamiento, para conseguir la admisión en ellos de todos los obreros parados.
> Cerraron todas las tiendas y fábricas. Patrullaron las tropas por las calles. La ciudad tiene un aspecto lamentable. En realidad, el movimiento obedece, sin duda alguna, a manejos de elementos extraños, ya que simultáneamente se produjeron huelgas en otras localidades.
> Felizmente no hubo derramamiento de sangre a pesar de las cargas que la fuerza pública dio.
> El gobernador señor [Martínez de] Aragón fue apedreado y las cosas tomaron el jueves un cariz malísimo.

El 16 de febrero de 1932, ante una huelga general convocada por la anarquista Confederación Nacional del Trabajo (CNT), afirmaba: "Sin duda alguna, el pueblo reacciona y se le ve decidido a cooperar en masa con el mantenimiento del orden. Amilibia ha estado bien. Ha dado la batalla a los elementos perturbadores y la ha ganado".

En julio de 1932, el planteamiento de una nueva huelga general, provocada en este caso por la UGT, mientras el PSOE formaba parte del Gobierno, hizo que Alfaro remachara sus planteamientos en el terreno social:

> Por un asunto casi baladí en su iniciación hemos estado a punto de sufrir una huelga general, que tenía además la desagradable circunstancia de haber sido provocada por UGT afecta al Gobierno. Amilibia había agotado todos los medios de concordia y ya se había dado por vencido; sólo pensaba en los medios a adoptar para mantener el orden público (…).

Una huelga organizada por UGT hubiera sido de efectos desastrosos. Hubiera significado el establecimiento del frente único de organizaciones obreras y probablemente el predominio de la CNT, que se pronuncia en estos momentos siempre en un tono tumultuoso.

Políticamente hubiera sido de efectos desastrosos para el gobernador y los que apoyamos su política (…).

Mi consejo a Amilibia ha sido concreto. Atender a UGT en este caso porque, además de tener razón, es peligroso ponerse frente a esa organización obrera, que habrá de arrastrar a los demás. En cambio, los elementos patronales no deben olvidar que su papel es de ir cediendo poco a poco, y evitar trastornos obreristas.

5. La división de los republicanos

Celebración del aniversario de la proclamación de la República en Vitoria, el 14 de abril de 1932. Una carroza con una alegoría de la República en la esquina de la calle San Prudencio.
Foto Yanguas. Archivo Municipal de Vitoria-Gasteiz.

Junto al deterioro del orden público, un segundo problema centró la vida política de Vitoria durante el primer semestre de 1932: la división interna de los que hasta este momento habían actuado al unísono dentro de la conjunción republicano-socialista. Desde finales de agosto de 1931, el hasta entonces único Partido Republicano Alavés se fue desgajando en agrupaciones locales de los diversos grupos políticos republicanos existentes a escala nacional: el Partido Republicano Radical Socialista, de Marcelino Domingo y Félix Gordón Ordás, situado en la izquierda del republicanismo; Acción Republicana, de Manuel Azaña, presidente del Gobierno en esos momentos; y el Partido Republicano Radical, dirigido por Alejandro Lerroux, que había girado hacia el centro del espectro político. Junto a estos, persistía también el denominado Partido Republicano Autónomo Alavés, en el que se integraron la mayor parte de los republicanos locales que no habían optado por ninguno de los grupos constituidos en toda España.

Alfaro se afilió al principio al Partido Republicano Radical Socialista, pero pronto se dio cuenta de que la ideología y la actuación exaltadas de dicho partido no encajaban con su personalidad, más abierta a comprender y a moderar las diferencias de criterio que a agudizar artificialmente los conflictos existentes de por sí en el seno de todo grupo humano. Alfaro pensaba que también en Vitoria había *jabalíes* (término despectivo por el que se conocía a los diputados radical-socialistas en las Cortes, por la estridencia de sus discursos). Entre ellos, el que más podía identificarse con la etiqueta aplicada a ese partido era el concejal Sebastián San Vicente:

Desde que se formó el Partido Radical Socialista en Madrid —explicaba Alfaro— me afilié a él por considerar su ideario de acuerdo con el mío.
Desgraciadamente su actuación no ha respondido a mi juicio a lo que esperaba. Ha sido una actuación populachera y chabacana más que liberal y demócrata.
En Vitoria, aún ha sido peor. La gente más intransigente e indisciplinada, los verdaderos 'jabalíes' pertenecen a este partido, y a la cabeza de ellos San Vicente. Cada vez me he ido distanciando más y más de ellos. Por fin me he separado totalmente.

En vista de todo ello y considerando que el partido de Acción Republicana, presidido por Azaña, tenía una actuación verdaderamente firme y serena dentro de un ideario de izquierda, me he afiliado a él.

A finales de enero de 1932, Tomás Alfaro valoraba así la idiosincrasia de cada uno de los partidos republicanos existentes entonces en Vitoria:

La política en Vitoria (…) está muy embrollada. Nadie quiere resignarse a no mangonear. Todos creen que sus méritos son grandes y que en justicia les corresponden los primeros puestos en Juntas, Comisiones, Gestoras, etc.

La realidad es que en Vitoria hay muchos pobres diablos que no llegarán nunca a nada aunque lleven '40 años' afiliados al Partido Republicano. Creen que esto de la política es una cola como la del Gordo de Navidad.

En fin, que esto es una delicia de intrigas y alcahueterías.

Por un lado, los radical-socialistas han formado un conglomerado de demagogos, descontentos e inadaptados, que no saben lo que quieren, que a veces son más avanzados que los sindicalistas y otras quisieran fusilar a Cristo Padre, porque les parece que les van a quitar la República, como si les quitaran la camisa.

Para ellos, los que somos más serenos, aunque en el fondo somos más avanzados en ideología liberal, creen que somos unos reaccionarios que tememos todo avance y que nos asustamos de nuestra propia obra. La obra que realizan esos insensatos que padecen indigestión de democracia, es pura demagogia. Los actos son ineficaces y hasta perjudiciales a la libertad y a la República.

Por otro lado ya empiezan a agruparse en el Partido Radical una serie de profesionales de la política y otros que, aunque no profesionales, añoran el pequeño mangoneo de pueblo. Entre ellos, no hay duda, existen personas bellísimas a los que acaso les asusta un poco el mundo socializante que parece hoy seguirse y que ven en este partido el prototipo de la República burguesa a estilo francés. Entre estos dos fuegos estamos nosotros, un grupo que, pensando muy en izquierda, no queremos demagogias ni arribismos. Hemos constituido aquí un Comité de Acción Republicana, partido en el que militan seguramente la selección de los republicanos. Partido donde la intelectualidad no está al servicio de utopías sino de realidades. Nuestro lema debiera ser 'Inteligencia y acción'.

Esta descripción —además de ser la opinión personal de Alfaro, como dirigente de Acción Republicana de Álava— reflejaba bien la situación política que se vivía entonces en la capital alavesa y particularmente en el Ayuntamiento de Vitoria. Aquí, los radical-socialistas (y en especial dos de sus concejales, Sebastián San Vicente y José Castresana) llevaban a cabo una política de obstrucción a la labor municipal republicano-socialista, votando por sistema en contra de la mayoría, a la que en teoría pertenecían. Presentando mociones desmesuradas y de dudosa legalidad, sobre todo en materia religiosa, pretendían manifestar su ideología, más izquierdista que la del resto de los republicanos, y poner a prueba a los demás grupos de izquierda, haciéndoles pasar por menos avanzados que los radical-socialistas.

Por ejemplo, en la sesión del 19 de enero se produjeron hondas discrepancias en la votación del dictamen del oficial letrado del Ayuntamiento sobre una moción de San Vicente, en la que este concejal radical-socialista proponía que revirtieran al municipio dos edificios que este había cedido a sendas comunidades religiosas. Puesto a votación el dictamen —contrario, por motivos legales, a la moción de San Vicente—, fue rechazado por los votos de republicanos y socialistas, mientras el alcalde, González de Zárate, votaba con la derecha a favor del letrado. El voto de los concejales de izquierda no era en sí mismo una oposición al dictamen del oficial-letrado, sino un deseo —propuesto por San Vicente, como alternativa— de que el asunto se llevara, en cuanto fuera posible, al Tribunal de Garantías Constitucionales. Algunos republicanos estaban en el fondo a favor del letrado, pero se vieron forzados a votar con San Vicente para no pasar por menos progresistas que el edil radical-socialista. Alfaro declaró en la sesión que era absurdo llevar este asunto —regulado por el Derecho civil y no por la Constitución— al Tribunal de Garantías y se lamentó de que a veces los concejales de Acción Republicana tuvieran que votar en contra de asuntos con los que estaban conformes, por la forma intransigente en que San Vicente los planteaba. A pesar de ello, Alfaro votó a favor de la remisión del problema al Tribunal Constitucional. Se trataba de un defecto bastante común entre los políticos de la época en Álava: dejarse llevar en su actuación pública más por la posible reacción de las demás fuerzas políticas o de la opinión, que por lo que ellos consideraban en conciencia lo más acertado.

El 13 de febrero de 1932, Teodoro González de Zárate renunciaba, por cuestiones laborales, al cargo de alcalde de Vitoria. Alfaro Fournier, que debía sustituirle, como primer teniente de alcalde, se negó a hacerlo interinamente, pues pensaba que la alcaldía debía quedar investida de la máxima autoridad. Casi inmediatamente comenzaron las maniobras políticas, pues algunos de los concejales republicanos trataron de impedir el acceso de Alfaro a la alcaldía, obligándole a aceptarla con carácter interino, mientras buscaban otro concejal que pudiera ocupar el puesto. Por su parte, Pablo Fernández de Trocóniz, concejal del PNV, trató de maniobrar para nombrar alcalde al republicano radical Manuel Arámburu, que podría contar con los votos derechistas, nacionalistas y radicales. Este intento —que fracasó al negarse a colaborar el propio interesado— hubiera significado un vuelco radical en la corporación municipal, al destruir la unidad de los republicanos y provocar el fin de la mayoría republicano-socialista en el Ayuntamiento. Así explicaba Alfaro el desarrollo de los acontecimientos:

En la mayoría, de una manera sorda se veía claramente que por parte de muchos elementos trataban de hacer cierta oposición a mi subida a la alcaldía y, como no encontraban a otro para desempeñarla, me la querían encajar con carácter interino. En la minoría hubo una maniobra dirigida por el concejal nacionalista Sr. Trocóniz, hombre (…) lleno de habilidades rastreras de politicastro de pueblo, encaminada a nombrar alcalde a Arámburu, contando con el apoyo del grupo Radical. Arámburu, gran amigo mío y gran caballero, no pudo prestarse a esta sucia maniobra de escisión.

Finalmente, la actitud de Alfaro (recibir él la alcaldía con carácter definitivo o, en caso contrario, no aceptar la renuncia de González de Zárate) fue apoyada por socialistas y republicanos. El 1 de marzo, el Ayuntamiento decidía, de acuerdo con el propio alcalde, no admitir la renuncia de González de Zárate, que continuaba así al frente del municipio.

A pesar de la solución de la crisis municipal, no por ello aminoró el pesimismo de Alfaro sobre el futuro del republicanismo en Vitoria. La descripción que vertió en su diario el 10 de mayo de 1932 era un reflejo de la desunión que se iba fraguando en el seno de la izquierda local:

Entre los republicanos la discordia es absoluta. El grupo Radical Socialista está en franca disidencia con los demás grupos, disidencia que se manifiesta violentamente en el Ayuntamiento (…). San Vicente, uno de sus ¡*leaders!* que (…) sólo tiene deseos de exhibicionismo populachero. José Castresana, hombre testarudo, iracundo, intransigente (…). Un concejal rural, que ni me acuerdo en este momento cómo se llama, porque no pinta nada y toda su labor se reduce a decir sí o no al dictado de San Vicente[7]. Y Quintana, obrero, de buena voluntad, pero envenenado por los otros (…). A mí me odian a muerte. Saben que no perdono sus estridencias (…).

Los socialistas están bien, disciplinados, consecuentes de la situación. Pero esa misma prudencia y comprensión les quita adeptos en la masa obrera. Son también odiados por los radicales-socialistas, que en su prurito por sobrepasar a todos en izquierdismo no pueden consentir un grupo de ideología más avanzada que la suya.

Los Radicales empiezan a iniciar su paso a la derecha. Están aún muy a nuestro lado, pero se hace prever su postura, reflejo de la que adoptan en Madrid, en el Parlamento, sus compañeros.

La minoría (derechista) se frota las manos viendo nuestras discordias. ¡Menos mal que son unos infelices y no saben aprovecharse de ellas!

La gota que colmó el vaso de las discordias republicanas en el Ayuntamiento fue la discusión de las normas sobre incompatibilidades de los funcionarios municipales en la sesión del 17 de mayo. San Vicente propuso una normativa muy estricta, que afectaba a la mayor parte de los cargos superiores

---

[7] Se trataba de Antonino Moraza. Hubo un quinto concejal republicano radical-socialista elegido en 1931, José María Susaeta, pero renunció al cargo ese mismo año, al ser trasladado como catedrático de Instituto a Bilbao. Pese a su ideología izquierdista, Susaeta fue asesinado por milicianos revolucionarios durante la Guerra Civil en Madrid, a finales de julio de 1936. Tal y como expliqué en el artículo "El otro concejal asesinado" (*El Correo*, ed. Álava, 30-III-2018), su memoria ha sido borrada en Vitoria, al haber sido asesinado por *el bando equivocado* y no por los sublevados. Por estos fueron asesinados en 1936-1937 otros cuatro miembros de la corporación: el alcalde Teodoro González de Zárate y tres concejales: Teodoro Olarte (compañero del alcalde y de Alfaro en Izquierda Republicana), Primitivo Herrero y Francisco Díaz de Arcaya (ambos del PSOE). Todos ellos *paseados* sin ningún tipo de juicio previo.

del Ayuntamiento. Tras una fuerte discusión, los concejales del Partido Republicano Radical Socialista se retiraron del salón de plenos, en medio de un gran escándalo, y anunciaron que renunciarían a sus cargos. Alfaro escribió que los radical-socialistas, "provocadores de todos esos conflictos, que siempre alardean de republicanos modelos, con su intransigencia, su autoritarismo antidemocrático y su parcialidad, han sido vencidos por el buen sentido de los demás. Dicen que van a renunciar a sus cargos, y creen que tienen al pueblo detrás de ellos. Están ciegos. Lo que tienen es a todo el mundo enfrente". La veracidad de las afirmaciones precedentes sería confirmada poco después por los acontecimientos. La dimisión no fue aceptada por el Ayuntamiento y los concejales radical-socialistas tuvieron que volver a sentarse en los escaños edilicios, mientras su partido iba perdiendo adeptos en Álava y en el conjunto de España.

6. Discrepancias en el Ayuntamiento

Una multitud se arremolina en torno a Niceto Alcalá-Zamora en Estíbaliz, el 17 de septiembre de 1932.
Foto Yanguas. Archivo Municipal de Vitoria-Gasteiz.

El desánimo de Alfaro era de tal magnitud que incluso prendió en él la decisión de abandonar la política local y pedir a la dirección de Acción Republicana en Madrid que le recomendara para ocupar un puesto de gobernador civil fuera del País Vasco: "Me ha empujado a esto —decía—, sobre todo el considerar la desastrosa actuación política de las fuerzas republicanas en Vitoria, obligándome a un constante desgaste de energía en pequeñeces". Con este fin, Alfaro se entrevistó en Madrid con el ministro de la Gobernación, el republicano gallego Santiago Casares Quiroga, y con el secretario general de Acción Republicana, quien le prometió dar su nombre para presentarlo en la primera vacante que se le ofreciera al partido. Pero, a pesar de que llegó a hablarse de él como gobernador civil en ciernes de Cuenca, Córdoba o Badajoz, finalmente Alfaro no abandonó Vitoria y continuó ocupando los cargos que ejercía desde 1931. Los informes desfavorables que, sobre Alfaro, enviaron a Madrid los radical-socialistas locales (cuyo partido, junto con el PSOE y con Acción Republicana, formaba el núcleo del Gobierno) impidieron la consumación del nombramiento. Es más, el 31 de mayo, el Ayuntamiento acordaba conceder al alcalde tres meses de licencia por motivos de trabajo. Alfaro Fournier tuvo que hacerse cargo de la alcaldía durante este período.

Pocos días después, era San Vicente quien solicitaba una licencia de seis meses para trasladarse a trabajar fuera de Vitoria. Alfaro había escrito semanas antes que el líder radical-socialista en el Ayuntamiento llevaba "desde que vino la República tratando de buscar un enchufe para él, pordioseando por todos los Ministerios". Ahora, San Vicente, recomendado ante CAMPSA (la Compañía Arrendataria del Monopolio del Petróleo) por varios influyentes republicanos locales, marchaba a trabajar a un buque petrolero a la Unión Soviética. Una cena de despedida organizada en su honor dio lugar a nuevos incidentes entre varios miembros de Acción Republicana y los radical-socialistas. Alfaro, Amilibia (el gobernador civil, también afiliado al partido de Azaña) y Gabriel Martínez de Aragón y Carrión (hijo del primer gobernador de la República en Álava) manifestaron su deseo de acudir a la cena-homenaje y se inscribieron en ella. En respuesta, José y César Castresana decidieron no asistir, exteriorizando así su protesta por la desconsideración que, según ellos, los de Acción Republicana habían tenido con San Vicente. Además, Castresana, en nombre de la Junta Directiva del Partido Radical Socialista, ordenó al concejal en cuyo honor se celebraba la cena que no asistiera a su propia despedida, como así hizo.

Finalmente, la cena se celebró con la presencia de los tres dirigentes de Acción Republicana. Terminado el banquete, Alfaro, Martínez de Aragón y Amilibia se acercaron al Círculo Vitoriano a pedir explicaciones a Castresana por su incomparecencia en el agasajo. El intercambio de frases entre los implicados no debió ser muy amigable, a juzgar por la carta de César Castresana que, al día siguiente, encontró Alfaro en su despacho, que transcribimos a continuación:

Como para arreglar asuntos políticos no es el sitio más indicado el Círculo Vitoriano, ya que lo prohíben los Estatutos por que se rige el mismo, no contesté a sus provocaciones como se merecían, ya que siempre soy dueño de mis actos le digo por escrito lo que le dije de mi actuación respecto al señor San Vicente.

Fui invitado a cenar por mi particular amigo Domingo de la Higuera, a lo que accedí gustoso; más tarde me enteré de que a dicha cena asistirían V. y otras dos personas, nada gratas para mí políticamente, ya que sigo entendiendo que son Vds. los culpables de todo lo que le ha sucedido a este correligionario, y al volverme a encontrar con el Sr. La Higuera, le dije que yo no asistiría a dicha cena, por cuanto era un escarnio, para la persona homenajeada, ya que si a Jesucristo lo sentaron a una mesa con un Judas y a San Vicente querían sentarlo a la mesa con tres Judas, claro es que entre estos tres Judas estaba incluido V. En todo lo por mí dicho no hay ánimo de ofender ni a V. ni a nadie, pues V. se ha cansado de decir en todas partes lo que le ha parecido bien con relación a la actuación de mi correligionario Sr. San Vicente, como Concejal de nuestro Ayuntamiento.

A V. tanto como a mí, políticamente nos conocen en Vitoria, no tengo por qué reprocharle nada de lo dicho por V. ayer, ya que no ofende quien quiere sino quien puede y me complazco en devolverle todo lo dicho por V. ya que 'el único mal nacido en Vitoria es Vd.'.

Yo entiendo que el criticar la actuación de un hombre público y sentarse o no a la mesa del mismo no es ofenderle, pero si V. lo interpreta así yo entonces le he ofendido mucho, pues entiendo que su actuación como político es detestable y estoy a su disposición para cuanto necesite de mí en el terreno que lo tenga por conveniente.

Suyo afmo. César R. Castresana.

Para tratar de resolver el incidente, Castresana y Alfaro nombraron sus respectivos representantes, cuya misión era intentar aclarar la responsabilidad de los implicados y llegar, si ello era posible, a un acto de conciliación. El asunto se complicó porque —tal y como explicaba Alfaro en una carta a sus representantes de fecha 15 de junio— ambos se consideraban ofendidos y ninguno quería dar su brazo a torcer:

Me ha sorprendido extraordinariamente la actitud que los padrinos del Señor Castresana toman, al considerar que este señor es el ofendido, cuando lo que aquí se ventila son ofensas vertidas en una carta a mí dirigida y no actitudes anteriores, para las cuales ha podido ejercer el Señor Castresana la acción que le hubiera parecido oportuna (…).

En todo momento quiero probar, porque así es cierto, que yo no he sido provocador de este asunto y que mi actitud no es otra que la de defensa y reivindicación de honor, pero como no quiero que ni por un momento pueda ponerse en tela de juicio mi conducta, estoy dispuesto a renunciar a las ventajas que pudieran existir a mi favor como ofendido, siempre que conste que yo lo he sido, sometiéndome a las condiciones que los señores que apadrinan al Señor Castresana quieran proponer.

Finalmente, el incidente se resolvió, al firmar ambos un acta de conciliación. Alfaro veía, sin embargo, que muchos de sus correligionarios no compartían plenamente su comedida forma de pensar en algunos aspectos y su repulsa a los extremismos demagógicos del radical-socialismo: "Lo triste —decía— es que entre mis amigos políticos hay gran número que ven en mí un derechista emboscado. Todo porque una corbata o un traje sean más o menos distinguidos. ¡Pobres gentes! En realidad, no son demócratas. Son tiranos de la chabacanería. Quieren hacer una República mugrienta".

La marcha de San Vicente del Ayuntamiento no cambió el tono de las sesiones municipales. Su puesto fue ocupado por José Castresana, quien se dedicaba a "hacer oposición a todo" y a promover "constantemente votaciones para votar él y alguno de sus amigos en contra de todos los demás". Por ejemplo, el 18 de julio de 1932, el Partido Radical Socialista de Vitoria denunciaba ante el gobernador civil el hecho de que en el Ayuntamiento, en contradicción con el espíritu de la Constitución de la República, se conservaban las mismas imágenes religiosas que en tiempos de la Monarquía. La denuncia, que mereció las críticas de casi toda la opinión pública vitoriana, fue transmitida al Ayuntamiento por Amilibia. En sesión del 21 de julio, la corporación municipal decidió expresar su protesta por la denuncia, por el procedimiento empleado (puesto que los radical-socialistas podían haber presentado una moción en el Ayuntamiento, por medio de sus concejales) y por la actitud del gobernador que, dando crédito al escrito, había accedido a tramitar la acusación.

En la sesión municipal en la que se trató este tema, Tomás Alfaro aclaró que la habitación donde se encontraban las imágenes (la antigua capilla de la Casa Consistorial) estaba en estos momentos convertida en almacén. Ante estas aclaraciones, Castresana censuró al alcalde por haber metido las imágenes en un almacén, pues debían estar en lugares de culto, e hizo protestas de su respeto a la religión. Tal y como señaló el concejal derechista Javier Elorza, era curioso que, mientras la derecha había respetado el acuerdo de almacenar las imágenes religiosas, fuera ahora el Partido Radical Socialista quien defendiera su traslado a lugares de culto. Cualquier motivo era bueno para los radical-socialistas, en su ofensiva contra los demás partidos republicanos en el Ayuntamiento. La maniobra quedó además al descubierto cuando se supo que la firma del secretario del Partido Radical Socialista en Vitoria, Manuel Herrero, había sido falsificada para presentar la denuncia, y que este nada sabía sobre cómo se había tomado la decisión de denunciar el hecho al gobernador. Alfaro apostilló, al conocer el entramado de la maniobra: "Esta gente no sabe ya qué hacer para tratar de hundirnos".

La denuncia significó también un enfriamiento de las relaciones —hasta ese momento amistosas— entre Alfaro y el gobernador civil, ambos afiliados al mismo partido político. Amilibia, sin embargo, mostró su extrañeza porque el Ayuntamiento hubiera interpretado el traslado del escrito como una posible injerencia en las funciones municipales. Aclaró que él no compartía la acusación radical-socialista contra el consistorio y que únicamente había pretendido cumplir las obligaciones que, como gobernador civil, tenía encomendadas.

Pocas semanas antes, el 19 de junio de 1932, había fracasado en Pamplona el segundo proyecto de Estatuto autonómico para el País Vasco durante la República. Tras malograrse el Estatuto de Estella, por ser inconstitucional y haber recibido solo el apoyo de las derechas católicas, el 8 de diciembre de 1931 el Gobierno había aprobado un decreto que concretaba los pasos necesarios para la aprobación de un Estatuto conforme a la Constitución republicana. A partir de febrero de 1932, tras la decisión de las cuatro provincias de integrar una única Región autónoma, comenzó la redacción del "Proyecto de Estatuto del País Vasco-Navarro", que el 19 de junio se sometería a la aprobación de los ayuntamientos reunidos en asamblea en el Teatro Gayarre de Pamplona. La mayor parte de los grupos políticos alaveses (con la excepción del Partido Republicano Radical) apoyaron el nuevo Estatuto. No obstante, la Comunión Tradicionalista se encontraba dividida y, fruto de esta división, fue la nota de la Junta Vasconavarra del carlismo, dejando en libertad de voto a sus afiliados y simpatizantes. En Navarra, por el contrario, tanto en la derecha como en la izquierda había partidarios y detractores del Estatuto.

El 19 de mayo, el Ayuntamiento de Vitoria había aprobado —con el voto en contra de un edil radical— el proyecto de Estatuto. Alfaro, ante las reticencias de algunos concejales de izquierda, había propuesto que se aprobara el texto sin enmiendas de ningún tipo, pues estas podrían plantearse en las Cortes, controladas desde junio de 1931 por la izquierda republicano-socialista. Ello no fue óbice para que manifestara que, si hubiera de regir el texto del Estatuto tal y como estaba redactado en esos momentos, él votaría en contra, pues no podía consentir que algunas funciones (la enseñanza, el orden público, etc.) fueran transferidas a la Región autónoma. En la sesión municipal, Alfaro fue elegido representante del Ayuntamiento de Vitoria en la asamblea de Pamplona.

El 19 de junio, el Estatuto fue aprobado casi unánimemente por los representantes vizcaínos, guipuzcoanos y alaveses, pero fue rechazado por la mayor parte de los municipios navarros. El resultado en Navarra era consecuencia de la división existente en el seno de los partidos políticos y obligaba a las Gestoras de las Diputaciones a reiniciar el proceso, adecuándolo a las tres provincias. Lo que Tomás Alfaro escribió en su diario la noche del día 19, lamentándose del resultado de la asamblea, confirma que la negativa navarra a la autonomía vasca no fue consecuencia, como a veces se ha dicho, de la actitud de las derechas del *Viejo Reino*, sino de la división de la propia sociedad navarra ante la cuestión vasca. Además, hace ver que el apoyo de buena parte de los republicanos vascos al Estatuto no era producto solo de un sincero entusiasmo, sino del deseo de no dejar que el PNV monopolizara la campaña autonómica: "¡Qué falta de visión política, la de las izquierdas navarras que, en unión a los tradicionalistas, han boicoteado el Estatuto! Esa bandera sentimental de la autonomía, manejada por gentes de derecha, debemos enarbolarla los de izquierda también para evitar que el día de mañana nos acusen de contrarios a las reivindicaciones autonómicas del País Vasco".

7. El golpe de Estado de Sanjurjo y la campaña contra el gobernador civil

El presidente de la República, Niceto Alcalá-Zamora, durante su visita a Estíbaliz en septiembre de 1932.
Foto Yanguas. Archivo Municipal de Vitoria-Gasteiz.

El 10 de agosto de 1932 fue un día de especial agitación para la opinión republicana de la capital alavesa. En Sevilla y Madrid se habían producido brotes de una desorganizada sublevación militar que acaudillaba el general Sanjurjo. En Vitoria, como en el resto del País Vasco, la tranquilidad fue completa. El gobernador civil se encontraba en San Sebastián y regresó a Vitoria a las cinco de la madrugada, entrevistándose con el comandante militar y con el jefe de la Guardia Civil, que le confirmaron que no había por qué preocuparse. Para entonces, Alfaro, alcalde en funciones de la ciudad, ya había tomado algunas medidas, ordenando al jefe de la Policía Municipal que hiciera guardia en el Ayuntamiento con doce hombres dispuestos a morir, haciendo uso incluso de las armas, antes que entregarse. A la postre, estas medidas se mostrarían innecesarias, pues el intento golpista no tuvo efecto alguno en la guarnición militar de Vitoria. El fracasado golpe de Sanjurjo constituyó un revulsivo para la República, tanto en el Parlamento —donde Azaña, robustecido por el fiasco del levantamiento, pudo hacer aprobar el Estatuto de autonomía de Cataluña y la Ley de Reforma Agraria— como ante la opinión pública. En Vitoria, al igual que en otras capitales, se celebró una manifestación —presidida, como alcalde de la ciudad, por Tomás Alfaro— para condenar el movimiento y demostrar la adhesión del pueblo al régimen republicano.

A pesar del impulso que para la República supuso el fracaso del fallido intento militar, no por ello cesaron las discordias internas en el seno del republicanismo. Más bien, al contrario, estas se agudizaron en Álava a partir de mediados de agosto de 1932. En esta fecha, el Partido Radical Socialista solicitó al Ministerio de Gobernación la remoción como gobernador civil de Álava de José María Amilibia, al que, como hemos visto, consideraban enemigo acérrimo del radical-socialismo. El acuerdo no se había hecho público, pero llegó a oídos de Amilibia, que contestó con una nota en la prensa en la que acusaba a los dirigentes radical-socialistas de suplantar la voluntad de sus afiliados, al tomar el acuerdo referente a su destitución sin previa decisión de su asamblea. El PSOE, la UGT, la Gestora de la Diputación y la mayoría política del Ayuntamiento manifestaron su protesta por la actuación del Partido Radical Socialista y su adhesión al gobernador civil. Los radical-socialistas contestaron con la remisión de un telegrama al ministro de Gobernación —en el que se protestaba por la "campaña de desprestigio" iniciada por el representante del Gobierno contra una agrupación política gubernamental— y con la publicación de una nota en la que se reconocía que el supuesto acuerdo del partido, que tanto revuelo había causado, no había sido tomado ni por la Junta ni por la asamblea del Partido Radical Socialista de Vitoria, aunque sí había sido mencionado en un cambio de impresiones entre los dirigentes locales.

Alfaro explicaba que todo el problema se debía a que "desde que vino la República comenzó una lucha sin cuartel, iniciada por los elementos que hoy forman el grupo local del Partido Radical-Socialista, contra los demás republicanos (…). Yo he sido uno de los blancos de esas iras injustificadas, habiendo esos Señores incluso enviado informes tan desfavorables de mí a los Ministerios de Madrid que han anulado mi posible nombramiento, casi acordado, de gobernador (…). El gobernador también ha sido duramente atacado por ellos (…). Estos últimos días, enterado el gobernador de que el grupo Radical-Socialista había pedido a Madrid su destitución, publicó en la prensa una nota oficiosa". Según Alfaro, esta nota contenía acusaciones ciertas, pero estaba redactada en términos excesivamente duros, lo que provocó un agravamiento del conflicto y el inicio de una verdadera guerra de notas de réplica y contrarréplica en la prensa.

Poco después, se reunía la asamblea del Partido Radical Socialista para tratar por vez primera del asunto, acordando aprobar la actuación de su Junta Directiva y transmitir al Comité Ejecutivo Nacional del Partido la petición de destitución del gobernador. En el fondo, la causa del conflicto había sido el nombramiento por Amilibia del exmonárquico liberal y ahora republicano radical Luis Dorao, director del diario *La Libertad*, como miembro de la Comisión Gestora de la Diputación. Los radical-socialistas —cuya intransigencia ya ha quedado de manifiesto en páginas anteriores— no podían consentir que Amilibia nombrase para cargo tan importante a un antiguo monárquico, por muy liberal que fuese, mientras el Partido Radical Socialista tenía una exigua representación en la Gestora. Esta cuestión vino a sumarse al enfrentamiento que, casi desde su constitución, había mantenido el grupo local del Partido Radical Socialista con los demás grupos republicanos, y fue agravada por el distanciamiento entre los partidos de izquierda que provocó el excesivo intervencionismo de Amilibia en la política local.

La crisis se resolvió por fin en septiembre de 1932 con la victoria de Amilibia. El 24 de ese mes se reunió, a propuesta del propio gobernador, la asamblea general de la Federación Republicana Alavesa —que agrupaba a todos los centros y afiliados de los partidos republicanos de la provincia—, con el fin de dilucidar definitivamente la cuestión. La discusión, en la que el Partido Radical Socialista se enfrentó al resto de los grupos republicanos, se prolongó interminablemente hasta las cuatro de la madrugada, hora en que se sometió a la aprobación de la asamblea la concesión de un voto de confianza al gobernador civil. El resultado, muy ajustado (cincuenta votos a favor del gobernador, cuarenta y seis en contra y dos en blanco), permitió a Amilibia, por solo cuatro votos, proseguir su carrera política, que hubiera quedado truncada de haberle sido retirada la confianza por los republicanos alaveses. Para algunos, sin embargo —teniendo en cuenta la hora en que había terminado la asamblea y la escasa asistencia que ello había provocado—, Amilibia había perdido moralmente la votación y por tanto debía dimitir.

El 4 de octubre, José María Amilibia —al parecer, tras una intervención personal de Indalecio Prieto— era nombrado gobernador civil de Vizcaya, cargo que, en estos momentos, llevaba anejo el de "gobernador general de las Provincias Vascongadas". Años más tarde, Alfaro resumiría la crisis del conflictivo verano de 1932, recordando las "asambleas interminables de los partidos republicanos, en las que se oyeron improperios de los unos contra los otros. Se tiraron los trastos a la cabeza por cuestiones baladíes; hubo votos de censura para el Alcalde y el Presidente de la Diputación con motivo del viaje que por allí hizo el Presidente de la República y el transcurso de la política estaba enredado[8]. No poca culpa tuvo de ello el gobernador saliente —José María Amilibia— que había distanciado las opiniones republicanas con notas oficiosas que sobraban. Al fin, no dio gusto a nadie, pero él ya tenía asegurado su puesto con la ayuda de don Indalecio Prieto y con ella alcanzó el puesto de Gobernador General de las Vascongadas"[9].

La gestión de Amilibia —polémica, en cualquier caso, como lo fue después en Vizcaya, donde se distinguió por sus ataques al nacionalismo vasco— no parece que fuera muy acertada para la causa republicana. Prueba de ello

---

[8] Una asamblea de la Federación Republicana Alavesa aprobó un voto de censura contra los organizadores del viaje de Alcalá-Zamora a Vitoria, en octubre de 1932, a causa de algunas deficiencias observadas en la organización de los actos. El alcalde y el presidente de la Gestora de la Diputación se dieron por aludidos y pusieron sus cargos a disposición de su partido, el Republicano Autónomo, pero este no aceptó las dimisiones y ambos continuaron en sus cargos.

[9] Folio mecanografiado de Tomás Alfaro, escrito con posterioridad a la Guerra Civil.

es el juicio que al propio Alfaro (miembro, como el gobernador, de Acción Republicana) le merecía, ya en octubre de 1932, la actuación de Amilibia durante su estancia en la capital alavesa:

Amilibia (…) ha tenido la habilidad de destrozar toda la cohesión republicana de Álava, intrigando con unos y con otros. Por fin ha conseguido lo que quería, dejando todo esto a la deriva. Todos lo ven ahora claro, pero es ya tarde para poner remedio.
¡Parece mentira que haya podido defenderse con métodos tan poco leales! Es un hombre de suerte. Una votación de la Federación que era decisiva para su porvenir político la ganó por cuatro votos.

De esta manera, la antigua amistad entre Alfaro y Amilibia se había convertido en un desabrido enfrentamiento político. Ello no impidió que Alfaro, llegada la hora del adiós definitivo e irreversible de Amilibia, supiera perdonar las ofensas pasadas y demostrar su sentida lealtad. En abril de 1933, siendo gobernador civil de Vizcaya, Amilibia sufrió un grave accidente de automóvil a pocos kilómetros de Vitoria. Por medio de Ladislao Amézola, que había sido gobernador de Álava durante la Dictadura de Primo de Rivera, mandó llamar a Alfaro y ambos se abrazaron. Amilibia apenas podía articular palabra y falleció días después. Tomás Alfaro expresó en su diario los sentimientos que habían pasado por su mente en este su último encuentro con Amilibia: "De todo corazón le había perdonado y sentí que el odio que contra él había alimentado se había convertido en un inmenso afecto".

8. Nuevas tensiones
en la corporación municipal

Entierro en Vitoria del guardia civil muerto en la asonada revolucionaria anarquista de Labastida en noviembre de 1933.
Foto Yanguas. Archivo Municipal de Vitoria-Gasteiz.

Meses antes, la marcha de Amilibia y la derrota del Partido Radical Socialista en el pleito contra el gobernador civil habían servido para calmar durante algún tiempo la confrontación entre ese partido y el resto de los republicanos. Pero, por otra parte, pronto comenzaron las discrepancias a nivel local entre el PSOE y los grupos de obediencia republicana. Discrepancias que ya atisbaba Alfaro en octubre de 1932 cuando escribía: "Los socialistas están enfrente de los republicanos en general y hacen bien. Sin duda son en Vitoria los que tienen un criterio más recto y sincero". Estas diferencias permitieron las primeras derrotas de la mayoría de izquierdas en el Ayuntamiento de Vitoria, al unirse los concejales del PSOE, en varias ocasiones, a derechistas y nacionalistas vascos. Las aguas pronto volvieron, sin embargo, a su cauce, restaurándose el bloque republicano-socialista inicial, del que también comenzaban a desgajarse, al principio muy imperceptiblemente, los radicales.

A principios de 1933, la situación de la izquierda alavesa cambió, al conseguir por vez primera el Partido Radical Socialista el apoyo de los demás grupos republicanos de izquierda (Acción Republicana y Partido Republicano Autónomo) contra el Partido Radical. Las causas de este cambio de actitud estaban sin duda en la política frontalmente antigubernamental que estaba haciendo el partido de Lerroux a nivel nacional, y que se intensificó a raíz de los sucesos de Casas Viejas. La sangrienta represión con que las fuerzas del orden público redujeron el movimiento subversivo anarcosindicalista que estalló en esa localidad gaditana, a principios de enero de 1933, fue sañudamente censurada por los partidos de oposición en las Cortes, que hicieron del asunto el núcleo de sus críticas al Gobierno. A su vez, el alejamiento entre el Partido Radical y la izquierda republicana alavesa se fue acentuando durante todo el año 1933, e hizo evolucionar la política local hacia las coordenadas que en esos momentos regían en Madrid.

Además, ya antes de iniciarse el año 1933 —con la llegada a Vizcaya de José María Amilibia, en octubre de 1932— había comenzado la confrontación entre el PNV y los republicano-socialistas, motivada por la política antinacionalista de Amilibia y por la respuesta, poco comedida en ocasiones, del PNV. En los últimos meses de 1932 se sucedieron los enfrentamientos violentos, las suspensiones de ayuntamientos nacionalistas, clausuras de batzokis, detenciones de nacionalistas e imposiciones de multas a publicaciones y a organizaciones *jeltzales*. La política de confrontación con el nacionalismo en Vizcaya y Guipúzcoa no aminoró con la ya mencionada muerte de Amilibia en accidente de tráfico. En Vizcaya, la violencia política alcanzó cotas elevadísimas, llegando a su punto culminante en mayo de 1933. Tras la visita de Alcalá-Zamora a Bilbao y la huelga general convocada por el sindicato nacionalista Solidaridad de Trabajadores Vascos (la actual ELA), para protestar por los incidentes que provocó dicha visita, tuvieron lugar los graves sucesos de Usánsolo donde, en un tiroteo entre izquierdistas y *jeltzales*, resultaron dos muertos y varios heridos. En Álava, la menor fuerza del nacionalismo vasco, en comparación con Vizcaya y Guipúzcoa, hizo que apenas se produjeran incidentes violentos en las calles. Sí los hubo, en cambio, en el Ayuntamiento de Vitoria, donde desde los primeros meses de 1933 la oposición entre el PNV y la izquierda se incrementó considerablemente.

El regreso del radical-socialista San Vicente al Ayuntamiento, una vez transcurridos sus seis meses de licencia, provocó el intento de la derecha de lograr la incapacitación de ese concejal republicano, basándose en la incompatibilidad en que presuntamente incurriría, por haber sido nombrado funcionario de la delegación de una entidad pública en Álava. La presentación por la minoría derechista de una moción en este sentido, en abril de 1933, fue replicada por otra de San Vicente proponiendo al Ayuntamiento que declarara incompatible al concejal católico Javier Elorza, por ser este miembro de una cooperativa de viviendas que había recibido ayuda económica del municipio. Ambas incompatibilidades debían tratarse en la sesión del 6 de abril. Alfaro —que presidía— se lamentó de la presentación de propuestas como estas, que solo tendían a perjudicar a los miembros de la corporación. San Vicente declaró que él siempre había cumplido la ley, y estaba por tanto dispuesto a retirarse del Ayuntamiento si era necesario, pero que el problema que se planteaba no era de índole legal, sino una "zancadilla política". En consecuencia, afirmó estar dispuesto a retirar su moción, si la derecha hacía lo mismo con la que se refería a él. El concejal del PNV Fernández de Tro-cóniz aclaró que, para él, tanto San Vicente como Elorza eran incompatibles con el cargo de concejal, pero mucho más lo eran los gestores de la Diputación, nombrados por el gobernador civil entre los adictos al Gobierno. Ante estas declaraciones, Alfaro retiró la palabra al concejal nacionalista, produciéndose entre ambos un incidente verbal, que concluyó cuando el teniente de alcalde ordenó a Trocóniz que saliera del salón de plenos, a lo que este se negó, asegurando que solo lo haría si era obligado a ello por la Policía Municipal.

Calmado este primer incidente, Alfaro volvió a expresar su deseo de que se retiraran ambas mociones. En ese momento, el radical-socialista Castresana recordó el nombramiento de Trocóniz como gestor de la Diputación durante la Dictadura de Primo de Rivera. Esta afirmación provocó la respuesta airada de Trocóniz, que aclaró que su nombramiento de gestor había sido como representante de la Cámara de Comercio. Añadió, además, que en su opinión tan dictadura era la de Primo de Rivera como la que estaban ejerciendo los republicanos. Manifestó, como ejemplo, que el concejal socialista Primitivo Herrero había recomendado a algunos amigos suyos para abastecer de ciertos productos al Ayuntamiento. Herrero trató de rebatir la acusación de Trocóniz sobre el favoritismo socialista en el Ayuntamiento y la discusión que se originó fue de tal calibre que Alfaro tuvo que suspender la sesión antes de tiempo, levantándose los concejales para abandonar el salón de plenos.

Al bajar de la presidencia, Alfaro —cuyo carácter impulsivo primó en estos momentos sobre otras consideraciones— se dirigió a Fernández de Trocóniz calificándolo de "mal educado". La respuesta del concejal nacionalista —que llamó "sinvergüenza" al teniente de alcalde— fue seguida de un puñetazo certero que Alfaro propinó a Trocóniz, teniendo que intervenir los demás concejales y los miembros de la Policía Municipal para restablecer la calma. Poco duró esta, no obstante, puesto que, al salir del salón de sesiones, Trocóniz devolvió la agresión a Alfaro. Varios concejales izquierdistas y algunos republicanos que estaban entre el público trataron de abalanzarse sobre Trocóniz, lo que, al parecer, les prohibió hacer el propio Alfaro. Ello no impidió que, al salir Alfaro de la Casa Consistorial, fuera abucheado por algunas personas —contrarias a sus ideas políticas— que se encontraban en la entonces denominada Plaza de la República.

A última hora de la tarde, los concejales se reunieron con el alcalde, el republicano González de Zárate, para tratar de poner fin al incidente. La minoría derechista aceptó las explicaciones del alcalde y Alfaro lamentó el modo en que se había comportado al finalizar la sesión. Más tarde, el asunto que dio origen a la confrontación se resolvió cuando la Audiencia Territorial de Burgos declaró incompatible a San Vicente, que tuvo que renunciar al cargo de concejal a finales de julio de 1933. A pesar de la escasa relevancia del hecho en sí, la sesión del 6 de abril mostró el clima en que a veces tuvo que desarrollarse la convivencia política en Vitoria durante la Segunda República. A lo largo del año 1933, la debilidad del Gobierno Azaña fue en aumento. Tras las elecciones municipales parciales de abril y la crisis gubernamental de junio, resuelta por la formación de un Gobierno de composición casi idéntica al anterior, las elecciones del Tribunal de Garantías Constitucionales, celebradas en el mes de septiembre, constituyeron un nuevo test sobre el escaso apoyo con que contaba el ejecutivo republicano-socialista en la opinión pública. El resultado global (cinco vocales gubernamentales y diez de las distintas oposiciones) constituyó una nueva derrota del Gobierno Azaña. En el País Vasco, el triunfo correspondió con claridad al PNV, mientras en Álava la candidatura más votada fue la tradicionalista.

Los resultados de las elecciones confirmaron que las respectivas fuerzas de los diversos partidos en las Cortes no reflejaban su influencia en el país, y que este era mayoritariamente hostil al Gobierno. Aunque Azaña trató de restar trascendencia política a la elección del Tribunal de Garantías Constitucionales, Alcalá-Zamora le retiró su confianza, obligándole a dimitir el 7 de septiembre. Cuatro días más tarde, Alejandro Lerroux, líder del Partido Radical, formaba un Gobierno de concentración republicana. Poco duró, sin embargo, esta nueva experiencia gubernamental, pues su presentación ante las Cortes, el 2 de octubre de 1933, provocó su caída al día siguiente, al no votar el Parlamento la confianza al gabinete. La intervención del expresidente Azaña, rechazando colaborar con Lerroux, fue decisiva para la negativa de las Cortes a dar su aval al nuevo Gobierno. Como buen afiliado, Tomás Alfaro compartía con el líder de Acción Republicana su animadversión contra los radicales, que no buscaban —en su opinión— sino adulterar la República, vaciándola del espíritu con que había nacido el nuevo régimen en 1931. Así se lo manifestaba Alfaro a Azaña en la carta que le escribió el día siguiente del discurso del presidente de Acción Republicana en el hemiciclo: "Al leer su discurso en la sesión de Cortes de ayer he experimentado una intensa alegría y una honda emoción. En él ha expresado V. con una concisión admirable la única doctrina que debe inspirar a nuestro Partido, el único camino que con dignidad debía seguir".

9. El referéndum del Estatuto vasco y las elecciones de 1933

Mitin del PNV en el Frontón Vitoriano. Manuel Irujo se dirige al público, en presencia de Manuel Ibarrondo y José Antonio Aguirre.
Foto Yanguas. Archivo Municipal de Vitoria-Gasteiz.

El 9 de octubre de 1933, Diego Martínez Barrio, lugarteniente de Lerroux al frente del Partido Radical, formaba un nuevo Gobierno de concentración republicana. Al mismo tiempo, se hacía público el decreto de disolución de las Cortes Constituyentes y la convocatoria de elecciones generales para el 19 de noviembre. Era el fin del primer bienio de la República.

Dos semanas antes de las elecciones iba a tener lugar el referéndum popular para la aprobación del Estatuto vasco. El proyecto vasco-navarro —fracasado en la asamblea de ayuntamientos de Pamplona de junio de 1932— había sido amoldado a las provincias de Álava, Guipúzcoa y Vizcaya y había tenido que superar además innumerables obstáculos. Tras la asamblea del Teatro Gayarre, el proceso había quedado prácticamente paralizado. Hubo que esperar a marzo de 1933 para ver concluida por fin la redacción del nuevo Estatuto, en el que se incluía una disposición que abría las puertas a una posible reincorporación de Navarra, si esta decidía en el futuro formar parte del País Vasco autónomo. Pero, a pesar de estar concluido el nuevo anteproyecto, los trabajos de tramitación del Estatuto siguieron desarrollándose con gran lentitud. Hasta finales de julio, las Gestoras de las tres Diputaciones no convocaron la definitiva asamblea de ayuntamientos, que se celebró en la Escuela de Artes y Oficios de Vitoria el 6 de agosto de 1933.

El resultado de la asamblea fue con claridad favorable al Estatuto Vasco. Álava fue en esta ocasión la provincia que mayores reticencias mostró ante el proyecto autonómico, y más de un tercio de sus municipios se opusieron al Estatuto. Este había sido implacablemente combatido en Álava por Oriol y por los tradicionalistas, temerosos de que, en una Euskadi sin Navarra, Álava se convirtiera en *la cenicienta* de la Región autónoma. Tras la asamblea, la celebración del referéndum se había previsto en un principio para el 15 de octubre, pero las sucesivas dimisiones de los Gobiernos de Azaña y Lerroux hicieron imposible celebrarlo en esa fecha. Tras este retraso, el PNV era partidario de convocar el referéndum el 5 de noviembre, quince días antes de las elecciones generales del 19. De esta forma, se evitaría que el cansancio de los electores repercutiera en una menor participación. Por otra parte, el nacionalismo vasco quería capitalizar electoralmente el presumible éxito del Estatuto en las urnas. Al final, la política de acercamiento al PNV del radical Martínez Barrio —que, como jefe del Gobierno, debía publicar la convocatoria oficial del referéndum— facilitó los trámites necesarios para que la consulta popular tuviera lugar el 5 de noviembre. De esta forma, el Partido Radical, muy débil en el País Vasco, pretendía apoyar las aspiraciones del PNV y conseguir así un descenso de los votos izquierdistas, lo que redundaría en beneficio de una posible mayoría radical en las Cortes.

Martínez Barrio jugó también a favor del PNV al dictar unas normas de intervención electoral que, de hecho, facilitaron un buen número de irregularidades, único medio posible para alcanzar las dos terceras partes de votos afirmativos sobre el total del censo electoral que la Constitución de la República exigía para la aprobación de un Estatuto de autonomía. Merced a las abundantes anomalías existentes, en Vizcaya y Guipúzcoa los votos afirmativos alcanzaron porcentajes de fábula, en torno al noventa por ciento del censo electoral. En Álava, donde la poderosa Comunión Tradicionalista se oponía al Estatuto, los votos a favor no superaron el cincuenta por ciento del censo, aunque sí fueron superiores con mucho a los votos negativos. Estos resultados permitieron a Oriol y al carlismo alavés emprender una intensa campaña para lograr que las Cortes acordaran la exclusión de Álava del Estatuto, basándose en que no se había alcanzado la mitad del electorado. Estas dificultades y las vicisitudes del segundo bienio de la República impidieron que el Estatuto vasco estuviera aprobado cuando estalló la Guerra Civil, en julio de 1936.

Por otra parte, el apoyo de la izquierda al Estatuto Vasco en Álava era, salvo excepciones, más epidérmico que profundo y en buena parte correspondía más a una reacción en contra de la derecha tradicionalista y de Oriol —acérrimos enemigos del Estatuto, en esos momentos— que a un sincero entusiasmo autonomista. El propio Tomás Alfaro, que externamente era un decidido partidario del proyecto autonómico a finales de 1933, escribía el 8 de noviembre en su diario: "He ido a votar el Estatuto Vasco, francamente lo digo, sin gran entusiasmo (…). Si la votación se hubiera hecho honradamente hubiera sido negativa. Hubo pucherazos y el Estatuto salió. Creo yo que ha nacido muerto (…), pero ha de dar guerra y servir de arma política". Como en otras ocasiones, a la postre las palabras de Alfaro se cumplirían prácticamente al pie de la letra.

Buena parte de la culpa de que el Estatuto aprobado en referéndum el 5 de noviembre de 1933 naciera con escasas posibilidades de salir adelante, la tuvieron los resultados de las elecciones a Cortes que se celebraron quince días más tarde. Característica común a todas las circunscripciones en esta votación fue la división de la izquierda, mientras que la derecha se presentaba unida. En Álava se dio también este fenómeno. Oriol volvió a presentarse candidato por la Comunión Tradicionalista. Todos los pronósticos coincidían en que tenía asegurada el acta por mayorías y únicamente había de dilucidarse el segundo puesto de diputado. El PNV presentó al joven abogado y periodista Francisco Javier de Landáburu. En la izquierda, la desunión fue palpable desde el primer momento. Para empezar, el debilísimo Partido Comunista nominó candidato al ferroviario Blas Quintana, que en último término tan solo obtendría poco más de cien votos en toda la provincia. Por su parte, el 24 de octubre se reunieron las juntas directivas del PSOE y de los cinco partidos republicanos existentes en Vitoria, con el fin de designar un candidato único. Se trataba del Partido Radical, el Republicano Autónomo, Acción Republicana, el Radical Socialista (ahora presidido en Madrid por Félix Gordón Ordás) y el Radical Socialista Independiente, que se había desgajado del anterior, al producirse en septiembre de 1933 la escisión encabezada a nivel nacional por Marcelino Domingo. El intento de designar a un único candidato republicano-socialista, como en 1931, fracasó al retirarse de las negociaciones tanto el Partido Republicano Radical como el Radical Socialista, que designaron como aspirantes propios a Narciso Amorós y a César Castresana, respectivamente. Por su parte, a finales de octubre, el resto de los partidos republicanos y el PSOE proclamaban candidato al radical-socialista independiente Félix Susaeta, diputado por Álava en las Constituyentes.

El anuncio de que los republicanos presentaban tres candidaturas distintas provocó las críticas del diario *La Libertad*, que profetizó el fracaso de la izquierda, si se empeñaba en acudir desunida a las elecciones. Estos temores eran compartidos por Alfaro, que el 3 de noviembre escribía: "Han proclamado candidato unos a ¡César Castresana! ¡Qué sarcasmo!; otros, los radicales, a Amorós, un notario ambicioso y sin cultura. La gente sensata de izquierdas propone a Susaeta. En este lío saldrán las derechas. ¡Me alegro! Más vale enemigos claros que los que han de destrozarnos en nuestro propio campo".

Los intentos de reunificar las tres candidaturas de corte republicano se relanzaron cuando un grupo de republicanos independientes vitorianos —que no pertenecían a ninguna de las facciones de la izquierda local— se propusieron realizar nuevas gestiones en ese sentido y convocaron para ello un mitin de unidad republicana, al que fue invitado Alfaro. En realidad, las profundas diferencias existentes entre los radicales y el resto de los republicanos y la intransigencia que caracterizó la actuación de los radical-socialistas hacían imposible alcanzar la casi por todos anhelada unión. El propio Alfaro anotó, al referirse a la invitación de que había sido objeto para intervenir en el mitin: "Yo afirmé que eso era una tontería… pero no pude negarme". En el acto, todos los oradores vaticinaron la derrota que se avecinaba, si la izquierda no se unía, y destacaron que, por encima de los intereses de partido, estaba el general de la República. Alfaro expresó "su dolor inmenso y su vergüenza al mismo tiempo, al contemplar el triste panorama que ofrece la democracia en Vitoria, enfrascada en sus luchas intestinas y en sus odios personales"[10]. Tras el mitin, las perspectivas seguían siendo, según Alfaro, poco halagüeñas. La tensión propia de la etapa preelectoral hacía que Alfaro pronunciara, además, juicios muy poco comedidos sobre sus enemigos políticos:

En Vitoria presenta la derecha a Oriol, tradicionalista, cavernícola millonario, beato sin entraña, tonto y malo. Lo votará la mayoría del pueblo con ese entusiasmo perruno y cerril propio de los imbéciles de escapulario. ¡Hay tantos en Álava! También le votarán las gentes de dinero, los funcionarios, los que viven de las migajas de los ricos (…).
Don Félix Susaeta, radical-socialista independiente, apoyado por los Partidos Socialista, Acción Republicana, Radical Socialista Independiente y Partido Autónomo, es el verdadero representante de las izquierdas.
Don César Castresana (…), que presentan los radical-socialistas de Gordón Ordás, cuatro gatos animados por el gobernador, un tal Castelló, que es un (…) levantino, vendido, creo yo, a los radicales y que le anima y le apoya porque sabe que así resta votos a las izquierdas. Este granuja ha armado un lío político en la provincia que no se puede hacer mayor (…).
Don Narciso Amorós, presentado por los Radicales. Hombre incoloro (…), lleno de ambición y con algunas pesetas hechas duro a duro en su Notaría; pesetas que le duele ahora soltar para la elección. Le siguen algunos republicanos históricos, es decir que debieran haber pasado a la Historia y toda la cuerda de arribistas monarquizantes, que siempre están al sol que más calienta.

---

[10] *La Libertad*, 8-XI-1933.

Se han hecho mil gestiones para arreglar el lío, pero todo ello es inútil… y lo malo es que los que querían arreglarlo, unos señores que se llaman republicanos independientes, yo creo que lo que pretendían era ver si del lío que se armaba se designaba candidato a alguno de ellos.

En efecto, a pesar de que en los días siguientes al mitin pareció que renacían las posibilidades de unión, finalmente las negociaciones fracasaron, esta vez por la intransigencia del Partido Radical, que esperaba superar en las Cortes a su antiguo aliado, la izquierda republicano-socialista. No obstante, dos días antes de las elecciones Castresana anunció que se retiraba de la lucha electoral. Pero, como veremos enseguida, su actitud, elogiada por la totalidad de la opinión republicana alavesa, se convertiría a la postre en una maniobra política.

Dadas las dificultades con que la izquierda se había encontrado para alcanzar la finalmente fallida unión electoral, no era extraño que su propaganda, tardía y desvaída, fuera muy poco entusiasta. Tomas Alfaro —que participó en el mitin central de la campaña republicano-socialista en Vitoria— hizo en él un llamamiento a los "republicanos de verdad que estáis en las filas radicales" para que cambiaran de actitud, y pidió un aplauso para Castresana, por haberse retirado de la lucha. Pero, poco después de terminar el mitin, escribía en su diario: "Al empezar el acto, me doy cuenta de que tenemos perdida la elección. Sin duda nuestras divisiones, la actuación absurda de los republicanos en Vitoria, las impertinencias de algunos… y por fin la desorientación de las masas ante la presentación de tres candidaturas republicanas, mermaron entusiasmo".

El resultado global de las elecciones del 19 de noviembre de 1933 configuró unas Cortes muy diferentes a las del primer bienio de la República. Los dos grupos más numerosos fueron en esta ocasión la Confederación Española de Derechas Autónomas (CEDA), de carácter católico, y el Partido Republicano Radical, situado ya en el centro del espectro político. Por el contrario, la izquierda, vencedora absoluta en 1931, sufrió una drástica reducción de sus apoyos. En el conjunto del País Vasco, el gran triunfador de las elecciones fue el PNV, que fue el partido más votado y dobló el número de diputados obtenidos en 1931. Los resultados en Álava confirmaron la fuerza abrumadora del renovado carlismo, un movimiento de extrema derecha tradicionalista y españolista, muy diferente a los nuevos grupos de este signo, de corte fascista, que estaban proliferando en buena parte de Europa. José Luis Oriol, el candidato de la Comunión Tradicionalista, obtuvo un incuestionable triunfo, sumando más del cincuenta por ciento de los votos emitidos. Landáburu fue también elegido diputado, al quedar en segundo lugar, superando a todas las candidaturas republicanas y de izquierdas: era el mayor triunfo electoral obtenido por el PNV en Álava a lo largo de toda su historia. La izquierda fue la gran derrotada de las elecciones en Álava. Para comprobarlo, bastaba el dato de que —aún habiéndose doblado el censo electoral, por la aplicación por vez primera en unas elecciones legislativas del sufragio femenino—, la suma de los votos obtenidos por las tres candidaturas republicanas en 1933 fue inferior a la lograda por Susaeta en las Constituyentes de 1931.

La derrota de la izquierda fue debida a sus errores de gestión durante el primer bienio, pero también a su división. Así se puso de manifiesto el mismo día de la elección, cuando Castresana hizo correr la noticia de que Amorós y Susaeta se habían retirado, por lo que todos los republicanos debían votarle a él. La maniobra radical-socialista fue rápidamente desmentida, por lo que apenas tuvo incidencia en el voto, pero sirvió para minar todavía más el ya de por sí debilitado prestigio de la izquierda ante el electorado alavés. A pesar de que el resultado electoral no hizo más que confirmar lo que desde mucho antes se preveía, Alfaro no podía ocultar su pena y su amargura ante el fracaso de la izquierda, cuando, el día siguiente a las elecciones, escribía:

Fue una derrota para los republicanos (…). La minoría fue para los nacionalistas. El candidato Francisco Javier Landáburu es un muchacho simpático, inteligente; me alegro por él. Es amigo mío y lo aprecio de veras. Creo que será un buen diputado. La clave de su éxito está en ese temple sentimental tan fácil de ser asimilado. Los montes… Los valles… Los ríos… Eso lo sentimos todos. Pero alrededor de eso hay una maraña de Jesuitismo y de intereses que el que los ve tiene que huir.
Los republicanos fuimos divididos (…). Los radicales presentaban a Amorós, que tuvo una votación ridícula. ¡Creían que les votaría la masa neutra! ¡Qué error! La masa neutra no vota nunca a los arribistas.
César Castresana, con la pandilla de radical-socialistas que siguen a Gordon Ordás, ha hecho una canallada. Sólo puede tener una

disculpa, que es un irresponsable. El día de la elección, después de haberse retirado con un manifiesto que publicó en la prensa, aparecieron unas octavillas por las calles en las que decía que todos los republicanos se habían unido y que se votara la candidatura de César Castresana. Firmaba la Comisión electoral. Es decir que suplantó la firma de esta Comisión. Y lo que es peor, dirigió unos telegramas a los adjuntos republicanos de los colegios de los pueblos diciéndoles que la unión estaba efectuada y que votasen a César Castresana. Estaban firmados por Susaeta y Amorós. En fin, un delito, del que se confesó autor, y existe acta de esta confesión.

El día de ayer ha sido bochornoso para los republicanos. Hemos perdido la batalla y el honor. Ha ocurrido lo que tenía que ocurrir, lo que estaba merecido.

10. La formación de Izquierda Republicana

El Palacio de la Provincia, durante el acto de propaganda del Estatuto vasco, celebrado en Vitoria el 29 de octubre de 1933.
Foto Yanguas. Archivo Municipal de Vitoria-Gasteiz.

Tras las elecciones, no tardó en llegar la constitución de un nuevo Gobierno. Pese a que la CEDA había sido el más votado, al no ser un partido republicano sino accidentalista, cedió a los republicanos radicales el reto de gobernar. Presidido por Lerroux, el primer ejecutivo del segundo bienio de la República se formó el 16 de diciembre de 1933 e incluía una mayoría de ministros del Partido Radical y varios republicanos moderados. La política de Lerroux se vio, sin embargo, muy condicionada por el apoyo que le prestaban la CEDA y otros partidos derechistas en las Cortes. Este desplazamiento hacia la derecha del Partido Radical trajo consigo un antagonismo cada vez mayor con el resto de los grupos republicanos. Ya el 20 de diciembre de 1933, Tomás Alfaro expresaba los sentimientos de repulsa que le producía la situación política: "El Partido Radical —escribía— es algo podrido y vil. Es el amparador de toda inmoralidad. La República está en manos de las derechas reaccionarias. Los radicales vendidos a ellas".

Los Gobiernos radicales se mostraron terriblemente inestables, sucediéndose a lo largo del año 1934 varios gabinetes presididos por Alejandro Lerroux y por su correligionario Ricardo Samper. Su actuación provocó tensiones en el seno del Partido Radical y entre este y la izquierda republicana. Los partidos de este carácter, tras su fracaso en los comicios de noviembre, habían iniciado las gestiones para llegar a una fusión en una sola organización política. Los intentos de dotar de mayor cohesión a los grupos republicanos de izquierda habían comenzado en Álava antes incluso de que surgieran idénticas gestiones a nivel nacional. El 31 de diciembre de 1933, Alfaro anotaba esa idea aunque, con el pesimismo que comenzaba a teñir todo su pensamiento político, añadía que era difícil que ese intento se tradujera en un fortalecimiento real de la izquierda en Álava: "La política toda está desquiciada. Los hombres de izquierdas desmoralizados. Yo creo que casi buscando el modo de cambiar de chaqueta. Se trata de hacer un solo partido republicano con los retazos que quedan y darle un matiz regional. Es lo mismo. Falta materia y con un nombre u otro siempre serán una calamidad los que se llaman republicanos en Vitoria".

Las gestiones continuaron, no obstante, y en febrero de 1934 Acción Republicana, el Partido Republicano Autónomo Alavés y el Radical Socialista Independiente se fusionaban en un nuevo grupo político, Izquierda Republicana Alavesa. Más tarde, este partido se integró en la Izquierda Republicana constituida en abril de 1934 en Madrid, bajo el liderazgo de Manuel Azaña. Aunque la unificación era un indicio positivo, la visión de Alfaro seguía siendo muy desesperanzada para el futuro del nuevo partido: "Este síntoma de unión es laudable. Sin embargo, no tengo fe en los resultados… y sobre todo ya es tarde para enmendar tanta equivocación. Hemos perdido la batalla en Álava y creo que pasará mucho tiempo hasta que recuperemos el prestigio perdido". Tras unos comienzos vacilantes, sin embargo, Izquierda Republicana se consolidó en Vitoria y, a lo largo de 1935, aumentó notablemente el volumen de afiliados, mientras se incrementaba el desprestigio del Partido Radical.

La vida política local siguió marcada, a lo largo del primer semestre de 1934, por la hostilidad cada vez más tensa entre los radicales y la izquierda. Estas tensiones se tradujeron en Álava en la pugna mantenida entre el Ayuntamiento, controlado por la izquierda republicano-socialista, y la Gestora de la Diputación, en manos de los radicales. Tomás Alfaro estaba en buena medida alejado de todas estas luchas políticas, pues desde junio de 1933, fecha en que había solicitado y obtenido una licencia para concluir sus estudios de Derecho en Valladolid, residía la mayor parte del tiempo en esa capital castellana. No obstante, sus frecuentes visitas a Vitoria le permitían estar al tanto de la política local, a la que se reincorporó al final del verano de 1934, con ocasión del conflicto de los ayuntamientos vascos, para seguir la misma suerte que la mayoría de sus compañeros de corporación.

11. Verano de 1934:
el conflicto de los ayuntamientos vascos

Celebración del Aberri Eguna (Día de la Patria Vasca) del PNV en el estadio de Mendizorroza, el 1 de abril de 1931.
Foto Yanguas. Archivo Municipal de Vitoria-Gasteiz.

En junio de 1934, ciento cuarenta diputados de derechas presentaron a las Cortes una proposición de ley sobre el Estatuto del Vino, por la que se pedía la desgravación absoluta de este producto en todo el territorio español. Este asunto —que en sí mismo podría considerarse trivial— provocó el inicio de la que se ha dado en llamar sublevación de los ayuntamientos vascos del verano de 1934. La cuestión, en la que se mezclaron motivaciones fiscales, económicas y políticas, venía de lejos. El aumento de la producción vinícola española en los años treinta y la consiguiente dificultad para dar salida en el mercado a esta producción, había llevado al Gobierno, en septiembre de 1932, a la promulgación de ese Estatuto que, entre otras medidas, propugnaba la supresión de cualquier impuesto sobre el vino. La aplicación de esta medida en el País Vasco se consideraba una transgresión del Concierto económico vigente y, además, hubiera significado la ruina de las haciendas municipales vascas, cuya principal fuente de ingresos eran los impuestos sobre consumos, y en particular el arbitrio sobre el vino. Por ello, tanto las Gestoras de las Diputaciones como los ayuntamientos vascos habían solicitado y obtenido del Gobierno en 1932 que el Estatuto del Vino no se aplicara en el País Vasco. Sin embargo, la petición de los diputados derechistas en 1934 volvió a poner sobre el tapete el problema.

La reacción de la opinión pública vasca —con excepción de la Rioja alavesa, con intereses económicos muy diferentes en el terreno vitivinícola a los del resto del País Vasco— fue unánime en un principio en contra del Estatuto del Vino y a favor del Concierto. No obstante, pronto comenzó la pugna entre las Gestoras de las Diputaciones, que no veían en excesivo peligro el Concierto, y los ayuntamientos, que pensaban que aquellas no defendían suficientemente los intereses económicos del País Vasco y de los municipios, debido a su nombramiento gubernativo y a su afinidad ideológica con el Gobierno del Partido Radical.

De hecho, las Gestoras pronto se desentendieron del movimiento, cuando el Gobierno declaró oficialmente, aun sin entrar en el fondo del asunto, que la legislación vigente impedía que la desgravación de los vinos se aplicara en el País Vasco. Los ayuntamientos, por el contrario, no consideraron suficiente esta declaración y continuaron su campaña en defensa de la autonomía fiscal vasca. Para ello, acordaron el nombramiento de una Comisión intermunicipal defensora del Concierto económico, elegida por los concejales de todo el País Vasco. Estas votaciones debían celebrarse en los propios consistorios el 12 de agosto de 1934. Si, hasta ese momento, el Gobierno se había mantenido a la expectativa, la convocatoria de esta elección —que consideraba como un medio ilegal de sustituir a las Comisiones Gestoras de las Diputaciones— hizo que los gobernadores civiles prohibieran la celebración de las votaciones y anunciaran medidas represivas contra los concejales que participaran en ellas. A pesar de todo, los ayuntamientos mantuvieron la convocatoria, alegando que no tenía finalidad política alguna. Los campos de la confrontación política estaban ya perfectamente definidos: los nacionalistas, los socialistas y los republicanos de izquierda estaban con los municipios; los republicanos radicales y los derechistas apoyaban al Gobierno.

El 12 de agosto se celebró la elección en muchos municipios de Vizcaya y Guipúzcoa. En Álava, por el contrario, la votación se retrasó en la capital, mientras que en la parte rural de la provincia, de predominio tradicionalista, tan solo ocho ayuntamientos con mayoría del PNV siguieron las consignas de los dirigentes del movimiento municipalista. Por fin, el 23 de agosto celebró la votación el Ayuntamiento de Vitoria. Participaron en ella quince concejales (socialistas, nacionalistas, católicos independientes y republicanos de izquierda), entre los que se encontraba Tomás Alfaro, llegado expresamente de Valladolid para tomar parte en la campaña municipalista. Poco después, la Comisión defensora del Concierto convocaba una asamblea de parlamentarios y representantes de los alcaldes vascos en Zumárraga para el 2 de septiembre. La reunión se celebró a duras penas, a pesar de la intervención de las fuerzas del orden público y de la detención por la policía de algunos concejales que acudían a la villa guipuzcoana. Al día siguiente, el gobernador civil de Álava destituía y ordenaba el procesamiento de los ediles vitorianos que habían participado en la votación, incluido Tomás Alfaro. Los encausados quedaron en libertad provisional tras pagar una cuantiosa fianza, a la espera del juicio.

A partir de la asamblea de Zumárraga, los acontecimientos se precipitaron. La Comisión de alcaldes acordó la dimisión colectiva de todos los ayuntamientos vascos, como manifestación de protesta por la actuación del Gobierno. Mientras en Vizcaya y Guipúzcoa dimitían la casi totalidad de los concejales, en Álava la oposición al movimiento de la mayoritaria Comunión Tradicionalista y el hecho de que bastantes concejales hubieran sido ya destituidos por el gobernador hicieron que el numero de dimisiones fuera exiguo. Desde septiembre de 1934, la mayor parte de las corporaciones municipales vascas estuvieron regidas por gestores nombrados por los gobernadores. Era una situación ciertamente anómala, que se mantendría hasta después de las elecciones de febrero de 1936.

Alfaro —que hasta mediados de septiembre, sin duda a causa del continuo ajetreo de las jornadas anteriores, no comentó en su diario el desarrollo de los acontecimientos— escribía el día 11 la opinión que le merecían los hechos, que él creía en parte debidos a la intransigencia de radicales y derechistas: "¡Estamos sobre un volcán! Los jefes han lanzado la opinión castellana contra catalanes y vascos, que defienden sus derechos sin atacar los de otras regiones, tratando de articularse dentro de la Constitución. Predican en todas partes el odio y el atropello y con esa bandera preparan sus campañas electorales (…). El momento lo estimo de extrema gravedad. Se anuncia una huelga general en todo el País Vasco, como protesta al encarcelamiento de los concejales de Bilbao (última hazaña de Velarde, el gobernador de Vizcaya)"[11].

La actuación de los concejales vitorianos destituidos debía ahora ser juzgada por los tribunales. El fiscal solicitaba para ellos la pena de ocho años de inhabilitación para ocupar cargos públicos y una multa de trescientas pesetas. Por el contrario, el defensor pedía su libre absolución. El juicio debía celebrarse en la Audiencia Territorial de Burgos el 6 de octubre, pero la coincidencia con el estallido del movimiento revolucionario, al que enseguida nos referiremos, llevó al aplazamiento de la vista oral, a pesar del parecer contrario de Alfaro: "Se pretende —escribía— que no se celebre la vista. A mí me parece un error, pues creo que hoy seríamos absueltos, pero predominan los que opinan que no se celebre. La vista se suspende".

El juicio se celebró finalmente a mediados de noviembre de 1934. La sentencia de la Audiencia Territorial fue absolutoria, conforme a la petición del defensor. Según Alfaro, la declaración del oficial letrado del Ayuntamiento, el simpatizante del PNV Julio Salazar, influyó decisivamente en la decisión del Tribunal: "Debo declarar que el letrado del Ayuntamiento, testigo de la acusación, ha hecho una declaración ajustada a la verdad, pero manifiestamente favorable a nosotros. Acaso esta declaración haya sido una de las causas de nuestra absolución".

---

[11] Finalmente, la huelga general a que se refería Alfaro no llegó a convocarse.

La sentencia no sería ni mucho menos definitiva. El ministerio fiscal interpuso recurso de apelación, que pasaba directamente al Tribunal Supremo. Ello impedía también que los concejales —al faltar sentencia judicial firme— pudieran ser repuestos inmediatamente en sus cargos. En enero de 1935, los quince concejales de Vitoria fueron declarados culpables por el Tribunal Supremo. La pena impuesta era la que, desde un principio, había solicitado el fiscal: ocho años de inhabilitación especial y una sanción económica relativamente elevada para la época. Para Alfaro, la revocación de la sentencia primitiva era consecuencia de las presiones que el Gobierno había ejercido sobre el máximo tribunal: "Se ha visto la causa el día 19 del mes pasado. No sé lo que pasaría, lo cierto es que la sentencia fue revocada y hoy se vuelve a ver nuevamente el pleito. ¿Qué ha pasado? Sin duda alguna presiones del Gobierno al Supremo para evitar que una sentencia absolutoria nos coloque de nuevo al frente del Municipio. Todo esto ha coincidido con un viaje del gobernador de Álava".

Lo cierto era que la sentencia del Supremo impedía a los concejales de Vitoria retornar a sus puestos en el Ayuntamiento. La decisión del Tribunal fue criticada por buena parte de la opinión pública vitoriana, incluso entre quienes no compartían las ideas de Alfaro y de sus compañeros. En parte, esta casi total unanimidad a favor de los concejales inhabilitados era consecuencia de la poca pericia que, en el gobierno de los asuntos municipales, mostraron los gestores nombrados por el gobernador civil para sustituir a la mayoría elegida en abril de 1931. Únicamente el triunfo de la izquierda en las elecciones de febrero de 1936 permitió el indulto y la rehabilitación de los concejales que habían participado en el conflicto de los ayuntamientos vascos del verano de 1934.

12. La revolución de octubre de 1934

La calle Dato casi vacía durante la huelga general de Vitoria en la primavera de 1936.
Foto Yanguas. Archivo Municipal de Vitoria-Gasteiz.

Entre tanto, el país había sufrido la convulsión que supuso la revolución de octubre de 1934 y su posterior represión. La entrada de tres ministros de la CEDA en un nuevo Gobierno Lerroux, constituido el 4 de octubre de 1934, fue el detonante del movimiento revolucionario que el PSOE venía preparando desde principios de 1934 y cuyos planes eran públicamente conocidos al menos desde el mes de junio. Ya en enero de 1934 Tomás Alfaro había transcrito en su diario la opinión que le merecía el futuro del régimen republicano. La posibilidad de una República verdaderamente democrática se había eclipsado —según él, por la derechización del Partido Radical, en manos de los *agrarios* de la CEDA— y únicamente había dos salidas, cada cual más funesta, para la crisis del régimen: una dictadura fascista o una dictadura del proletariado:

Lerroux. No gobierna. Es gobernado por agrarios… y por monárquicos. Esto ha provocado un estado de sublevación entre las filas de los hombres de izquierda, de los socialistas, que ven escamoteadas todas sus aspiraciones renovadoras. Se preparan días difíciles para España. En el ambiente hay nubarrones de tormenta.
Los socialistas están soliviantados, amenazados. Sus jefes lanzan bravatas que no sienten, porque se dan cuenta de su responsabilidad, pero la masa les desborda y tienen que ponerse a tono. Se inicia el frente único del proletariado. Esta es la obra de Lerroux y de las derechas insensatas. Los republicanos de izquierda no cuentan. Están desunidos y desorganizados (…).
En medio de este tumulto, un gobierno sin autoridad ni prestigio y, presidiendo ese gobierno, Lerroux, viejo decrépito que lleva la batuta como la llevaría un director que no entendiese de música. La sinfonía es discordante y nadie la escucha. ¿Qué importa el Parlamento? La política está en la calle. Todos lo saben y a la calle se quiere ir a conseguir el poder. Yo no veo solución posible. ¿Dictadura del proletariado? ¿Dictadura fascista? ¿Cuál es el peor de estos dos males?

Un mes después —en febrero de 1934— volvía Alfaro Fournier a constatar la orientación por la que estaba optando el PSOE: "Los socialistas, por su parte, siguen aún fuertes, cohesionados, dispuestos a la lucha en el terreno en que se la planteen. La actitud es de violencia ante la violencia. Quisieron transigir, caminar despacio hacia sus ideales y se les pone obstáculos infranqueables y se les declara la guerra sin cuartel, y ante esto su postura es gallarda y de guerra. Son conscientes de su fuerza y saben que se les teme". Su visión de lo que, en este estado de cosas, podían hacer los republicanos de izquierda era ciertamente muy pesimista: "Este puñado de hombres —escribía Alfaro, refiriéndose a sus correligionarios— está pulverizado por las otras facciones más numerosas y más violentas, y su voz apenas se oye".

En realidad, el propio Alfaro se contagiaba a veces —dejándose llevar más del ciego impulso que del razonamiento intelectual— del clima de intolerancia y violencia que comenzaba a respirarse en la calle. Achacaba la crítica situación de la República a la desafortunada labor desarrollada en el Gobierno por los radicales, olvidando aparentemente que las elecciones de noviembre de 1933 habían dado la mayoría democrática a la CEDA y al Partido Radical. En julio de 1934 anotaba: "La República ha sido envilecida por esas gentes. Los cauces constitucionales cegados. Para rescatar los principios democráticos será preciso asaltar el poder, empuñar las armas que ellos tienen y aplastar la reacción sin consideraciones jurídicas (…). Esa labor de degradación se debe a vosotros, radicales históricos, traidores a la República, vendidos a toda concupiscencia, desprovistos de todo ideal elevado". Los rumores de revolución se intensificaron durante el mes de septiembre. El día 13, Tomás Alfaro parecía entrever el callejón sin salida en que se encontraba la República, cuando escribía: "Las cosas políticas han llegado a un extremo que necesariamente tiene que producirse un estallido".

El 4 de octubre, la tensión creció tras conocerse la solución de la crisis gubernamental y la formación del nuevo Gobierno republicano radical, con participación cedista. Alfaro temía que la entrada de la CEDA en el Gobierno de Lerroux significara el fin de la República. Para la izquierda, el objetivo del líder de la agrupación católica, José María Gil Robles, no era otro que sustituir la República por un régimen autoritario de corte fascista. Incluso corrió el rumor de que Lerroux pretendía gobernar sin abrir las Cortes. La noche del 4 de octubre escribía Alfaro:

La crisis ha despertado la mayor expectación. Es sin duda este el momento más grave que atraviesa la República (…). El país está dividido en dos grupos (…). En el pueblo hay una enorme expectación. Se decide la suerte de la República. Hoy al anochecer se ha formado el nuevo Gobierno. Han triunfado las derechas. El Gobierno es un conglomerado de radicales, Ceda, agrarios y demócratas, presididos por Lerroux. La puñalada a la República está clara. Vendrá ahora una agonía, más o menos lenta, hasta el día en que Gil Robles y su gente den la última patada a esa caricatura de republicano que se llama Lerroux y se erija en dueño y señor de los destinos de España (…). Lerroux ha declarado por radio que se presentará a las Cortes el lunes, si las circunstancias lo permiten. Parece adivinarse en esto la posibilidad del golpe de Estado, del cierre de las Cortes, de una dictadura. Desde hace muchos años no ha atravesado España un momento de más ansiedad. ¿Qué pasará mañana?

Al día siguiente, 5 de octubre, estallaba la revolución socialista, que tuvo en Asturias su centro neurálgico. A la vez, en Cataluña se producía un movimiento liderado por el presidente de la Generalitat, Lluis Companys, que proclamó "el Estado Catalán de la República Federal Española". En Vizcaya y Guipúzcoa, los sucesos revistieron también carácter de gravedad. La huelga general revolucionaria se prolongó hasta el 12 de octubre y dejó en el País Vasco un saldo de cuarenta y dos víctimas mortales y unos mil quinientos encarcelados y procesados. En Álava, el movimiento revolucionario apenas tuvo eco. Las palabras de Alfaro cuando, el 11 de octubre —ya prácticamente sofocada la revolución— volvió a estampar su pensamiento en el diario, reflejaban dolor, repulsa por la revolución e indignación por la represión gubernamental:

Escribo estas líneas lleno de amargura y de pena. Toda España está en armas. Por todas partes violencias, odios, salvajadas, asesinatos, incitación a la venganza. ¿Razón de todo esto? ¿Culpables? Cuestión difícil de resolver, porque todos quieren ver en sus contrarios, en este como en todos, y sobre todo si son vencidos, a bandas de animales sin ideal (…). ¡Caridad y comprensión!… Este debe ser el lema para que la sangre vertida no sea un semillero de nuevos odios, para que no lleguemos a aquel estado de cosas, aún no muy lejano, de la Guerra Carlista.
Yo creo sinceramente que ha sido un grave error el levantamiento. Faltan aún datos que aclaren actitudes. De todos modos, creo que

el error es manifiesto y la prueba de ello son los resultados. En primer lugar era evidente que se observaba una reacción del país hacia la izquierda, que hubiera crecido por momentos si una firma y justa oposición la hubiese encauzado (…).

No podía aprobar la rebelión, pero tampoco podía soportar a los fariseos del Gobierno, provocadores morales de ella (…). El movimiento ha sido una grave equivocación pero, ante la saña en la persecución, yo siento, como alma noble, un impulso de comprensión y de simpatía hacia esas gentes que por un ideal han dado su vida, que es todo lo que se puede dar, y para quienes los vencedores no se conforman con aplicarles la ley, sino que además les escupen y les insultan sin el más mínimo respeto al vencido. No podrán quejarse cuando las cosas den la vuelta.

13. El paréntesis del año 1935

Asistentes a la asamblea de alcaldes alaveses celebrada en la Casa de la Provincia de Vitoria, el 14 de noviembre de 1935.
Foto Yanguas. Archivo Municipal de Vitoria-Gasteiz.

La política española durante el año 1935 se caracterizó por la sucesión de Gobiernos radical-cedistas muy inestables, la pérdida de prestigio de Lerroux —acentuada a partir de los escándalos financieros descubiertos a finales de 1935— y la progresiva recuperación de la izquierda. Tomás Alfaro pasó buena parte de estos meses en Valladolid. El relativo aislamiento político a que estaba sometido en la capital castellana le permitía observar la situación política con mayor perspectiva. Con ocasión de alguno de sus viajes a Vitoria, solía anotar en su diario la impresión que le había causado el ambiente político alavés. En diciembre de 1934, por ejemplo, se refería a la falta de coherencia de algunos de los hombres de la izquierda alavesa que, adaptándose a la coyuntura, no habían dudado en desertar de sus ideales y acercarse a los partidos que estaban en el poder: "Políticamente también he encontrado un enorme desquiciamiento. Toda aquella insensatez demagógica no sabe ya por dónde salir. Querían echar la culpa de lo ocurrido por su causa a los que defendíamos una postura serena y francamente liberal, pero por si acaso, ellos han desertado de las filas de la izquierda y se han refugiado en los partidos intermedios".

En febrero de 1935, Alfaro censuraba la actuación de los Gobiernos radicales y afirmaba que solo la disolución de las Cortes y la convocatoria de nuevas elecciones podían salvar a España de las continuas crisis gubernamentales, todas ellas con solución casi idéntica, a las que se veía abocado: "Continúan los hombres de la actual situación arrastrando una vida vergonzosa de claudicación. Viven al margen de los sentimientos de la nación (...). Todos los días se habla de crisis y ésta no viene porque no se ve solución posible. La censura es más rígida que en tiempos de la dictadura".

Su desazón por la situación que vivía la República se reflejaba también en la carta que, con ocasión del 14 de abril de 1935, cuarto aniversario de la República, escribió desde Valladolid a Teodoro Olarte, expresidente de la Gestora de la Diputación de Álava y uno de los principales representantes de Izquierda Republicana en Vitoria:

Es un día un poco triste este 14 de abril. Se ha borrado la alegría e ilusión de aquel otro en que la Democracia española tenía un amplio horizonte de esperanzas. Pero no hay que desesperar. Tengamos fe en el porvenir. La justicia y la razón no pueden ser pisoteadas impunemente y estos amargos momentos que pasamos serán el acicate que hará reaccionar a los verdaderos republicanos. Un fraternal saludo para todos y un ¡Viva la República! La verdadera República. Aquélla que soñamos y por la que luchamos el 14 de Abril de 1931.

Poco antes, había tenido lugar uno de los episodios quizá más desafortunados de la gestión del Partido Radical en el Gobierno: la acusación dirigida contra Azaña y Casares Quiroga (lugarteniente del primero en Izquierda Republicana), por su supuesta participación en los preparativos de la revolución de octubre. La acusación era una maniobra política para desprestigiar a la izquierda, pero acabó convirtiéndose en arma arrojadiza contra el Gobierno, al demostrarse la inocencia de Azaña. Finalmente, este salió fortalecido, al presentarse ante la opinión como víctima de las artimañas radicales. Todos estos aspectos quedaban reflejados en la correspondencia que Tomás Alfaro, Manuel Azaña y Santiago Casares Quiroga mantuvieron entre febrero y marzo de 1935:

Con motivo de la vergonzosa acusación que unas Cortes enemigas de la República han formulado contra V. y el Sr. Azaña —escribía Alfaro a Casares Quiroga—, me permito dirigirle estas líneas de absoluta adhesión. Pongo mis esperanzas en que ha de llegar pronto un día en el que, resplandeciendo la justicia, esos desaprensivos acusadores, más bien calumniadores, han de responder ante la Nación de sus desmanes y de su sangrienta euforia.

Y en carta a Manuel Azaña, Alfaro añadía: "Es para mí una imperiosa necesidad manifestarle todo mi afecto y adhesión, todo el respeto que se merecen sus constantes sacrificios en pro de la República". La contestación de Azaña a Tomás Alfaro volvía a poner de manifiesto el efecto positivo que, según el expresidente del Gobierno, habrían de tener las acusaciones de que había sido objeto:

Me complazco en enviar a usted estas breves líneas para agradecerle sus afectuosas demostraciones de adhesión a la causa republicana, así como a mis gestiones anteriores, así como todas sus demostraciones de amistad y de protesta contra las estúpidas persecuciones desatadas contra mí, las cuales, si personalmente me dejan indiferente, en el orden político casi estoy por considerarlas muy bien venidas, porque sirven para descubrir la calidad de los enemigos del régimen y para reforzar el entusiasmo de los buenos republicanos.

El año 1935 contempló también el crecimiento en Álava del partido en el que se habían aglutinado los republicanos de izquierda. Así lo constataba Alfaro en julio de 1935: "Izquierda Republicana parece que va creciendo. Acaso le queden los resabios demagógicos de otros tiempos, pero se han eliminado elementos disolventes y sin duda esto contribuye a su progreso". No obstante, y a pesar de que la cohesión interna del nuevo partido fue mayor que la de los grupos republicanos en el primer bienio, subsistieron algunas diferencias personales, debidas sin duda a esos "resabios demagógicos" a los que se refería Alfaro. En febrero de 1935, por ejemplo, la aparición en el periódico ultraderechista madrileño *La Nación* de una fotografía tomada en un acto del grupo monárquico Acción Española, en la que —junto a destacadas personalidades de la derecha— aparecía una persona de parecido físico muy pronunciado con Alfaro, provocó una oleada de calumnias y comentarios entre los miembros de Izquierda Republicana de Vitoria. El 3 de marzo, Alfaro escribía desde Valladolid a José Castresana, que le había informado de las acusaciones que la confusión, producida por la fotografía del diario, habían levantado contra él:

Recibo tu carta de ayer y, desde luego, te agradezco mucho todas tus noticias, pues aclaran la cuestión; así como también las gestiones que haces para desvirtuar los malos efectos de esa patraña. Yo por mi parte he de aclararlo también respecto a las personas que me citas. Te aseguro que en el primer momento me proporcionó gran disgusto la noticia, más que por lo que pudiera afectarme, porque creía ver que nuestros ideales, tan acosados hoy, y necesitados de una actuación firme y elevada, se empequeñecerían con los chismes del pueblo, que sólo sirven para quitar vigor a nuestras actuaciones.

Estas pequeñas discrepancias no impidieron que continuara la expansión de la izquierda en Álava y en toda España. A este respecto, Alfaro Fournier era relativamente optimista, augurando —a no ser que se interrumpiera bruscamente la legalidad constitucional— un no muy lejano regreso al poder de los sectores agrupados en torno a Azaña: "La avalancha de las izquierdas se lanza ya a la conquista del poder. Si el camino de la legalidad no se les cierra, el triunfo es evidente. Pero… ¿no harán ninguna burrada para cerrarles el paso?".

Quizá el hecho más debatido de la política alavesa durante el año 1935 fue la actuación del Partido Republicano Radical en el órgano gestor de la Diputación de Álava. La Comisión Gestora, y en especial su presidente, Luis Dorao, fueron objeto de numerosas críticas por parte de la izquierda y del PNV. Se les hacía responsables de una pésima administración de la hacienda provincial, de una complicidad absoluta con la Comunión Tradicionalista y de ejercer un control casi caciquil de la vida política y administrativa de la provincia. Los carlistas se mantuvieron en silencio, al margen de la polémica, lo que parecía indicar un apoyo implícito al Partido Radical, dada la predisposición del tradicionalismo a criticar la obra de las instituciones republicanas. La izquierda acusó al Partido Radical y a la Comunión Tradicionalista, si no de "confabulaciones" mutuas, sí de connivencias de opinión entre ambos partidos. Las acusaciones contra la gestión de Dorao en la Diputación se centraron en el favoritismo de la Gestora —al adjudicar puestos de trabajo por motivos políticos— y en el proceso seguido para la construcción del Sanatorio antituberculoso de Leza, en la Rioja alavesa. Para la izquierda, Dorao había adjudicado esta obra a un íntimo amigo y correligionario suyo, y en su edificación se habían cometido flagrantes irregularidades, pasadas alegremente por alto por la Gestora. Hasta el final, sin embargo, Dorao declaró que no tenía nada de que avergonzarse por su gestión, que habría podido ser más o menos acertada, pero que, en cualquier caso, había sido honrada y libre de toda mancha. A todo este estado de cosas se refería Alfaro cuando, el 12 de julio de 1935, escribía en su dietario:

La provincia es un feudo de Dorao, que a su vez está enredado con Oriol, Elío[12], etc. Es la clásica política del caciquismo, pero

---

[12] Guillermo Elío, líder del partido monárquico alfonsino de extrema derecha Renovación Española en Álava, era además abogado asesor de José Luis Oriol y su hombre de confianza en el control de la política provincial. Durante el franquismo, tras formar parte de la primera Gestora de la Diputación nombrada por los sublevados, se distanció de la dictadura y defendió como abogado a diversos opositores políticos.

llevado a un extremo que nunca lo había visto en esta provincia. Este hombre ha destrozado la hacienda provincial. En el Sanatorio de Leza, asunto que ha costado y costará a la Diputación cantidades fabulosas, hay una actuación tortuosa que no sé a dónde va a llevar (…).

Por otra parte, la Diputación es un centro de colocaciones. A montones se está enchufando gente en toda clase de cargos existentes o que se inventan. Allí ingresan, a cargo de la Diputación, todos los amigos Radicales y todos sus aliados, Ceda, Carlistas, etc. … Es una vergüenza. Yo preveo el derrumbamiento de Dorao con un estrépito formidable y no sé lo que saldrá debajo de toda esa carroña de vieja política inmoral.

Dejando al margen la mayor o menor fiabilidad de las acusaciones planteadas por la izquierda, lo cierto fue que las inculpaciones de incompetencia y de inmoralidad administrativa contra Dorao contribuyeron a socavar la ya mermada popularidad del Partido Republicano Radical. Algo semejante sucedió también en Madrid, donde dos escándalos financieros (el estraperlo y el caso Nombela), en los que estaban implicados altos cargos del Gobierno y del Partido Radical, acabaron por minar el prestigio de Lerroux y provocaron la caída del último Gobierno parlamentario del segundo bienio. A mediados de diciembre de 1935, Alcalá-Zamora, en un intento de centrar la vida política de la República, otorgó la presidencia del ejecutivo a un independiente de centro, Manuel Portela Valladares, cuya única misión era disolver las Cortes y convocar elecciones.

14. Las elecciones del Frente Popular

Mujeres de la agrupación tradicionalista Hermandad Alavesa preparando las elecciones de febrero de 1936 en su sede social de Vitoria.
Foto Yanguas. Archivo Municipal de Vitoria-Gasteiz.

El 7 de enero de 1936, el presidente de la República firmaba el decreto de disolución de las Cortes, que las izquierdas venían pidiendo desde tiempo atrás: las elecciones legislativas se celebrarían el 16 de febrero. Terminaba así el segundo bienio de la República, que la inestabilidad de los Gobiernos radical-cedistas —fruto de la imposible cooperación y de los fallos cometidos por ambas formaciones políticas— había hecho fracasar prematuramente.

Ya antes incluso de que se publicara el decreto de convocatoria de elecciones, los diversos partidos y coaliciones habían puesto en marcha su maquinaria electoral. En Álava, el PNV volvía a presentarse en solitario, nominando como candidato a su diputado en la anterior legislatura, Francisco Javier de Landáburu. Todos los intentos de resucitar la coalición católica vasca de 1931 fracasaron por el abismo ideológico que en estas fechas separaba al PNV de la derecha española, a pesar de su coincidencia en cuestiones religiosas. La derecha, por su parte, también se presentaba esta vez dividida en Álava. Aunque, en un principio, la idea era presentar dos candidatos coaligados (un tradicionalista y uno de la CEDA) para tratar de copar los dos puestos de diputado por la provincia, posteriormente el pacto se rompió, acudiendo ambos partidos por separado a las urnas. Oriol volvió a ser el candidato de la Comunión Tradicionalista y la CEDA nominó al abogado Luis Pérez Flórez-Estrada.

El cuarto en discordia era el candidato del Frente Popular. La alianza electoral de izquierdas estaba compuesta en Álava por el PSOE, el Partido Comunista, Izquierda Republicana y Acción Nacionalista Vasca, además de por la UGT y las Juventudes Socialistas. Pronto comenzaron las gestiones para designar al candidato que, según lo acordado en Madrid, sería en Álava un miembro de Izquierda Republicana. Las gestiones se convirtieron a veces en intrigas, a causa de la ambición de poder de algunos de los dirigentes locales de dicho partido. El 14 de diciembre de 1935 se había organizado en Vitoria un acto de homenaje a Galán y García Hernández, militares fusilados en 1930 tras el fracaso del levantamiento republicano de Jaca. En el acto iban a intervenir, por este orden, Vicente San Saturnino, el director del semanario *Álava Republicana* (Antonio García Lorencés) y Tomás Alfaro. Sin embargo, al publicarse la convocatoria del mitin apareció invertido el orden, colocando a Alfaro en el medio y dejando en el lugar preferente —el último, en este caso— a Lorencés. Al parecer, todo era una maniobra de otro miembro de Izquierda Republicana, destinada a postergar a Alfaro y a ganar puntos dentro del partido, con vistas a ser designado candidato en las elecciones. Alfaro Fournier comentaba así el incidente y la reacción que le había producido la inversión del orden de los oradores en la convocatoria:

> Esto me ha sorprendido y he hablado con San Miguel y Paco Castresana, ambos directivos del Partido. Por ellos he sabido que todo ha sido una zancadilla de Luis Apraiz, actual presidente de la Juventud, ambicioso vacuo que ve en mí una sombra para subir. A espaldas de la Junta ha hecho la maniobra. A mí no me importa, pero la zancadilla no la soporto. Por no aparecer en estos momentos como indisciplinado, he guardado la disciplina y he hablado, pero después he planteado la cuestión para desenmascarar al ambicioso, y toda la opinión me ha apoyado.
> ¡Aspira a ser candidato a Diputado! ¡Pobre hombre! Yo, que ninguna ambición tengo, me ocuparé de que no lo sea.

La solución de este incidente confirmaba la influencia creciente de Alfaro en el seno de Izquierda Republicana. Él mismo lo reconocía así, al escribir en su diario, a finales de diciembre de 1935: "En política he conquistado el aprecio del Partido. Si tengo enemigos, no pueden contra mí. Tengo una historia limpia y puedo hablar en alta voz". Esta influencia se pondría de manifiesto también en la designación del candidato de Izquierda Republicana por Álava. Los primeros nombres que se barajaron fueron desechados: Félix Susaeta, diputado en las Constituyentes, por negarse este a aceptar la designación; y Juan Cueto, comandante de Carabineros, porque no contaba con las simpatías de los socialistas. Alfaro acabó proponiendo al que finalmente sería designado candidato: Ramón Viguri, vitoriano residente en Madrid, miembro del Consejo Nacional de Izquierda Republicana y expresidente del Banco Exterior de España. Ya el 18 de diciembre de 1935 Alfaro había escrito a Viguri hablándole de la posibilidad de que se propusiera su nombre como candidato del Frente Popular por Álava:

> Ayer estuve en casa de D. Félix Susaeta, a quien suelo ir a acompañar muchos días después de la muerte de su mujer (…). Abordamos naturalmente la cuestión de candidato por esta provincia. En los últi-

mos tiempos yo le había oído ya muchas veces su firme propósito de no ser él y según me ha dicho también te lo dijo a ti en Madrid. De todos modos yo creo que se le propondrá por la Directiva el que lo acepte y él declinará, dándole así una prueba de afecto que bien se merece. De todos modos D. Félix me ha asegurado y autorizado o más bien encargado de decir que él no puede ser el candidato. Es preciso pues buscarlo. Yo creo que tú eres el más indicado. Además de las simpatías que cuentas en el elemento republicano, me consta de un modo positivo que las tienes también en grado máximo entre los socialistas. Se ha oído por ahí también el nombre de Cueto. Excuso decirte que a mí también me parece bien, pues es una gran persona, pero creo yo y seguramente conmigo mucha gente que el más indicado eres tú.

No sabes lo que me gustaría saber tu opinión. Tú sabes que en estos momentos empiezan las intrigas y surgen los ambiciosos de segunda fila y es preciso estar preparados para hacer frente a maniobras y no encontrarse a última hora desorientados. No he de ocultarte que, en mi opinión, la victoria no es fácil, pero siempre hay sorpresas y además es laborar para nuevas elecciones. Tú tienes ya una significación en el partido y el día de mañana podrías tener aquí un acta segura, cosa de que Vitoria sería la primera privilegiada[13].

Cuatro días más tarde, en respuesta a una carta de Viguri en la que este manifestaba sus dudas sobre la conveniencia de su designación como candidato, Alfaro volvía a insistir en su inicial punto de vista, con el que coincidían también otros republicanos locales:

He recibido tu carta del 19 cte. Con Don Félix es inútil contar. Volví a estar con él después de hablarte, es decir, de escribirte, y su resolución es absolutamente firme, tanto que me encargó que si fuera preciso lo dijera oficialmente. Todo lo que yo le insistí fue inútil. Desde luego, antes de decidir nada se le hablará, pero cuantos esfuerzos se hagan serán infructuosos.

---

[13] Esta carta y la siguiente se encuentran en el Centro Documental de la Memoria Histórica (Salamanca), Serie Madrid, 3088.

Aquí sólo se habla oficiosamente de candidatos, pero todo el mundo coincide con tu nombre y tengo la evidencia de que contigo contarán el primero después de hablar a D. Félix. Yo opino que no puedes oponerte a ello y es tu deber estar en ese puesto para bien de los ideales. Las modestias en este momento no sirven para nada. Por muy desinteresado que seas, y todos tenemos buena prueba de ello, no puedes inhibirte de estar en un puesto de lucha. Es aún prematuro hablar de todo esto, pero bueno es que te vayas haciendo a la idea para que no fallen las cosas en el momento oportuno. Tengo la misma opinión que tú del actual Gobierno. Aquí ya se están acomodando los eternos vampiros de la política. Dorao ha ido a Madrid, sin duda para afianzarse y preparar la defección a D. Ale [Alejandro Lerroux]. Son tan sinvergüenzas que le han dejado solo después de dejar exhausta la vaca. Se dice que esas gentes van a presentar candidato. Si en mi voto consistiera, antes votaba a Oriol que a un radical.

Por fin, las asambleas locales de Izquierda Republicana y del Partido Socialista acordaron, el 21 de enero de 1936, designar candidato a Ramón Viguri. La campaña electoral de 1936 fue la más intensa y apasionada de todas las celebradas en Álava durante la República, dada la trascendencia que se daba a las elecciones y la presentación de cuatro candidatos con ciertas posibilidades de éxito. Alfaro participó en un buen número de actos de propaganda en los pueblos e hizo la presentación de los oradores en el mitin que el Frente Popular celebró a finales de enero en el Frontón Vitoriano. En su intervención, Alfaro puso el énfasis en el problema religioso, asegurando que dentro de la República cabían hombres "de todas las convicciones", como cabía "la Religión al lado de los espíritus libres"[14].

En el conjunto de España, las elecciones de febrero de 1936 significaron un importante giro a la izquierda en la composición de la Cámara. Según las últimas investigaciones, el Frente Popular obtuvo 286 diputados, frente a los 153 que logró la derecha. El Centro de Portela Valladares y el Partido Radical cosecharon un tremendo fracaso. En el País Vasco, el gran derrotado fue el PNV, aunque la necesidad de recurrir a la segunda vuelta en varias circunscripciones le permitió paliar los resultados adversos, quedando en número

---

[14] *La Libertad*, 30-1-1936.

de diputados ligeramente por encima del Frente Popular y de la derecha española. En Álava, la jornada electoral dio la victoria a Oriol, aunque no alcanzó el cuarenta por ciento de los votos exigidos por la ley electoral, por lo que hubo de irse a la segunda vuelta. El resultado de la nueva votación fue muy semejante al de la primera: Oriol volvió a ser con claridad el candidato más votado, pero perdió apoyo con respecto al 16 de febrero. Muy por debajo de Oriol, y con escasas diferencias entre ellos, quedaron los otros tres candidatos, por este orden: Viguri, Landáburu y Flórez-Estrada.

De esta forma, Oriol y Viguri resultaron elegidos diputados por Álava. El Frente Popular se aprovechó de la división de la derecha y de la profunda crisis en la que, desde la revolución de octubre de 1934, estaba inmerso el PNV. Viguri logró un considerable éxito electoral, resarciendo a la izquierda del fracaso de 1933, aun sin llegar ni mucho menos al nivel de voto alcanzado en las Constituyentes de 1931. Para Alfaro, la victoria del Frente Popular era el resultado de la desacertada actuación de la derecha y de la honradez que los republicanos de izquierda habían mantenido en años anteriores: "El triunfo de las izquierdas —declaró a *Álava Republicana*— significa la reivindicación de los hombres honrados hecha por el pueblo soberano. La verdad y la justicia triunfan siempre y a pesar de las máximas coacciones".

15. De nuevo en el Ayuntamiento

Dos guardias de Asalto cachean a varios viandantes en una calle vitoriana, el 16 de febrero de 1936, día de las elecciones generales ganadas por el Frente Popular.
Foto Yanguas. Archivo Municipal de Vitoria-Gasteiz.

La victoria electoral del Frente Popular provocó la inmediata formación de un nuevo Gobierno, presidido por Azaña, que tomó posesión el 19 de febrero, antes incluso de la apertura de las Cortes. La constitución del Gobierno trajo consigo dos consecuencias inmediatas: la amnistía para los presos y exiliados por la revolución de octubre y la reposición de los concejales suspendidos con ocasión del pleito municipalista vasco de 1934. El 22 de febrero cesaba la Gestora municipal de Vitoria, en manos del Partido Radical, y se reintegraba el Ayuntamiento elegido democráticamente en la primavera de 1931. El alcalde, González de Zárate, Tomás Alfaro y el resto de los concejales destituidos en 1934 tomaron de nuevo posesión de sus cargos.

El 7 de abril, las Cortes del Frente Popular acordaban la destitución del presidente de la República, Niceto Alcalá-Zamora. La izquierda, que le había apoyado para este cargo en 1931, no le había perdonado su actuación durante el bienio radical-cedista. En su glosa a la noticia de la destitución del presidente, Alfaro se hacía eco de estas argumentaciones, aunque también era consciente del daño que, a la larga, podía producir al régimen republicano el "ansia de venganza" de las Cortes:

Alcalá Zamora no era el hombre que convenía al régimen. Procedente de la Monarquía, en cuyos gobiernos fue ministro, no podía desprenderse de prejuicios. Estos le han perdido. Claro es que, además, su misión era difícil. En un régimen democrático el poder sólo puede llevarlo el que cuenta con mayoría en la Cámara y el Presidente es en realidad un esclavo de esa mayoría y Alcalá Zamora lo fue de las Cortes del segundo bienio. Indudablemente, pudiera haber frenado algo y hasta toreado a esas Cortes derechistas. Su incapacidad de mando le ha enemistado con los repuestos del primer bienio (...). De todos modos, es un mal paso esta destitución que quita autoridad a la suprema magistratura, que ya no es poder moderador sino un elemento al servicio de la mayoría del Parlamento.

El 10 de mayo de 1936, Manuel Azaña era elegido nuevo presidente de la República. Para sustituirle en la presidencia del Gobierno fue designado su segundo de a bordo en Izquierda Republicana, Santiago Casares Quiroga.

Hasta julio, presidió un gabinete integrado por representantes de diversos grupos republicanos de izquierda, con el apoyo externo de los demás partidos del Frente Popular. De nuevo en el poder, la izquierda pudo reemprender la obra política del primer bienio, pero se encontró con dificultades mucho más graves que en 1931. Buena parte de los sectores izquierdistas se habían radicalizado tras la represión que siguió a octubre de 1934, mientras la derecha iba haciéndose cada vez más partidaria de una solución insurreccional. En las calles, el orden público se deterioraba día a día.

Tomás Alfaro se lamentaba de la falta de madurez política de los republicanos de izquierda, quienes —en su opinión— debían mostrar en su actuación una mayor ecuanimidad, que les permitiría erigirse en la salvaguarda moral de la República. El 13 de abril, tras presidir dos asambleas locales de Izquierda Republicana, en las que habían aflorado viejas rencillas y acusaciones entre los afiliados, escribía:

> Nunca jamás, en mi vida política, me he encontrado ante un caos semejante, ante una situación en la política de Álava más desarticulada e inconsciente.
> Izquierda Republicana local se debate en una serie de mezquinas luchas internas, que son intrascendentes, que no responden a criterios determinados, sino a meros personalismos propios de espíritus pequeños. Cuando en el seno de un partido se provoca una discusión que proviene de tendencias ideológicas distintas (como del Partido Socialista) se comprenden estas divisiones, que reflejan verdaderos estados de conciencia, pero cuando, como ocurre en nuestro partido local, esta divergencia no tiene base, ni nadie sabría explicar en qué consiste, y sin embargo se manifiesta con una violencia y una acritud enormes, hay que pensar en que sólo actúan un puñado de locos, incapaces, no sólo de regir los destinos de una ciudad, sino incluso de convivir en la vida ciudadana normal.
> Allí sólo se oye hablar de los años que lleva Fulano o Mengano de Republicano, de que tal persona es un señorito y tal otra un intelectual... y sobre estas y/o parecidas monsergas se elevan un cúmulo de problemas ficticios y ridículos que, si no fueran trágicas las consecuencias, harían reír a cualquiera (…). Se trata de acusaciones inconcretas que nadie sabe precisar y que en realidad no tienen base.

Todo el tacto ha sido necesario para encauzar la discusión y después de varias horas nada se ha concretado.

El 27 de junio volvía Alfaro a poner por escrito la triste imagen que le había causado una nueva y alborotada reunión de Izquierda Republicana de Álava:

Otra Asamblea ruidosa. Un grupo de analfabetos, el de siempre, Montaner y los pobres diablos que le siguen lanzaron como siempre su colección de fuegos artificiales. Hablaron del modesto obrero... y florearon el tema con toda clase de lugares comunes. Yo contesté a Montaner que allí no había nadie modesto, que todos éramos afiliados y por lo tanto iguales en derechos y deberes y si íbamos a establecer una aristocracia con la modestia era preferible que nos afiliáramos a Renovación Española [Partido monárquico alfonsino de corte aristocrático]. En fin, que aquello terminó como siempre a gritos... ¡Yo no vuelvo!

En el terreno social, los meses de febrero a julio de 1936 fueron los más conflictivos de todo el período republicano en Vitoria. A mediados de marzo, una asamblea de obreros parados solicitó al Ayuntamiento la inmediata colocación de todos los trabajadores en paro forzoso de la localidad. A principios de mayo, los obreros que ya trabajaban en los tajos municipales se declararon en huelga para pedir la contratación del resto de los parados y acordaron, además, emitir un voto de censura contra el alcalde. La huelga se solucionó a los pocos días, pero provocó la dimisión de González de Zárate, que creía ver en el voto de censura un indicio de disconformidad con su actuación por parte de la totalidad del proletariado vitoriano. Según Alfaro, a González de Zárate le faltaba en ocasiones arrojo para enfrentarse a situaciones políticas comprometidas:

Bien es cierto que Teodoro Gz. de Zárate, con todas sus buenas cualidades, es un espíritu muerto que no siente el acicate de los momentos difíciles que atravesamos. La actuación es monótona, lenta, sin vigor optimista, pero tampoco se podría haber hecho mucho más, aunque sí con más aparato externo.
Lo cierto es que los obreros parados, en una Asamblea, le han dado el voto de censura y Teodoro Zárate ha presentado la dimisión de

la Alcaldía. Creo que no lo debía haber hecho porque un alcalde no se debe a un grupo de parados, se debe a su organización política y a la opinión general del pueblo y ésta aún no le ha faltado a Zárate. No pensamos admitirla, pero yo sé que dentro de pocos días solicitará una licencia y me soltará a mí la papeleta de la alcaldía por unos meses.

En efecto, la dimisión no fue admitida, pero días después González de Zárate solicitaba una licencia de cuatro meses para resolver asuntos particulares. A partir del 14 de mayo, Alfaro pasó a ser alcalde en funciones de Vitoria. Esto hizo que se acentuara su protagonismo en la vida local y, en particular, en la huelga general que estallaría a finales de mayo. Esta huelga fue apoyada por todas las organizaciones sindicales alavesas (UGT, CNT, ELA y los Sindicatos Católicos) y tenía como objetivo la aprobación de unas bases de trabajo comunes para todas las industrias de la ciudad. Comenzó el 25 de mayo y se prolongó hasta el 1 de junio, siendo secundada por la práctica totalidad de los obreros y empleados de Vitoria. Alfaro, desde su puesto de alcalde, pidió que se respetara la libertad de trabajo y trató de organizar los suministros, de modo que la población no sufriera por falta de productos de primera necesidad. La intervención de un delegado especial del Ministerio de Trabajo, a iniciativa del Frente Popular, sirvió para firmar el acuerdo que puso fin a la huelga. El 2 de junio, Alfaro condensaba así las circunstancias que habían permitido la proclamación de la huelga y su opinión sobre el desarrollo del conflicto[15]:

Hemos sufrido ocho días de huelga general. Ha sido, sin duda alguna, la huelga más unánime, de mayor frente obrero, de mayor peso y de más larga duración que nunca ha tenido Vitoria. He estado al frente de la alcaldía y he cumplido con mi deber, asegurando los abastecimientos a Vitoria. Desgraciadamente, no he recibido las debidas asistencias. El Frente Popular no se ha manifestado más que tibiamente ante el conflicto. El Partido ha hecho lo mismo. He tenido su aprobación a mis actos, pero ha sido una aprobación pro-

---

[15] A modo de anécdota, reproducimos el anónimo que Alfaro conservaba en su archivo, y que recibió durante el desarrollo de la huelga: "Tomasón: Bas (sic) a morir antes de que se te acaben los cuatro meses de mangoneo en la Alcaldía. La Mano Negra".

tocolaria. Los concejales, salvo Elorza, no han hecho nada. Sin embargo, me cabe la satisfacción de haber recibido los plácemes de todo el pueblo, pues gracias a mis enérgicas medidas, no ha carecido de nada.

Las peticiones de los obreros eran justas, pero extemporáneas, puesto que su realización está en marcha desde el Gobierno. Ha sido una huelga revolucionaria emboscada, propia de este momento caótico en que nadie está sujeto a disciplina. La CNT ha arrastrado a los demás partidos obreros y unos por otros se han mantenido firmes por temor a que sus afiliados, envenenados de extremismo, se les fueran. ¡Y así se da el caso insólito de que la UGT, miembro del Frente Popular, actúe contra las autoridades que de él emanan!

Junto a la intensificación de la conflictividad social, renació con fuerza tras la victoria del Frente Popular el problema de la violencia política. En Álava, estos enfrentamientos fueron de menor gravedad que los que tuvieron lugar en Madrid y en otras provincias, pero su frecuencia y su trascendencia aumentó con respecto a etapas anteriores. Frente a este ambiente de violencia, el Gobierno se veía desbordado y apenas controlaba la situación. Alfaro era consciente del descontrol que existía en todo el territorio español y de las dificultades con que se encontraba el gabinete de Casares Quiroga para llevar a cabo una efectiva labor de gobierno. Los partidos republicanos se sentían eclipsados por la violencia y el extremismo de una extrema derecha y una extrema izquierda cada vez más radicalizadas. Las anotaciones que Alfaro iba plasmando en su diario se hacían cada vez más aciagas: "Cada día estoy más desilusionado —escribió el 22 de abril—. Creo que España camina desbocada hacia lo desconocido". Y el 4 de mayo añadía: "Esto va de mal en peor. El poder está en la calle y ya es hora de que el Gobierno coja las riendas y conduzca al Estado enérgicamente".

Lo que no se sabía era si el Gobierno tenía todavía medios para imponer su autoridad dentro del cauce constitucional. El 11 de julio —tan solo una semana antes del trágico desenlace de la etapa comenzada en abril de 1931— Tomás Alfaro volvía a expresar su temor, pronto hecho realidad, de que la violencia diera al traste con el régimen: "Los partidos republicanos nada tienen hoy que hacer; atacados duramente por las derechas y desbordados por las extremas izquierdas, viven en el poder lánguidamente, sin arraigo en las masas populares. Su vida es depresiva y su labor de gobierno estéril (…). España no tiene remedio. La amenaza el caos y la violencia. Nada hay que hacer".

Un hecho anecdótico —sucedido a mediados de julio—, que Alfaro anotó, indignado, en su diario, refleja el ambiente de escaso respeto a la legalidad que se respiraba en algunos sectores sociales y políticos en el verano de 1936: "Una comisión de chóferes de automóviles de alquiler —contaba Alfaro— me ha venido con peticiones inatendibles. Al negarme a conceder lo que me pedían, me han dicho que para eso me habían votado en las elecciones a concejal. Naturalmente les he mandado a paseo con cajas destempladas, diciéndoles que para mí todos los ciudadanos son iguales".

16. Hacia la sublevación militar

Un grupo de personas hacen cola para abastecerse de pan en la Plaza de Abastos,
durante la huelga general de Vitoria en mayo de 1936.
Foto Yanguas. Archivo Municipal de Vitoria-Gasteiz.

Las actividades de rebeldía de los grupos de extrema derecha y de parte del Ejército contra la República eran anteriores a este estado de cosas. Sin embargo, el asesinato el 13 de julio del líder de Renovación Española José Calvo Sotelo fue el detonante final de una mecha que ya estaba encendida tiempo antes. El diputado monárquico fue secuestrado y muerto a sangre fría por un grupo de guardias de asalto y miembros de las milicias socialistas, que vengaban así el asesinato por pistoleros ultraderechistas del teniente de la Guardia de Asalto José del Castillo. La muerte de Calvo Sotelo se conoció en Vitoria el mismo día. Aquí se enteró de la noticia el exministro socialista Indalecio Prieto, que almorzó en un céntrico hotel de la capital alavesa con el gobernador civil y el presidente de la Gestora de la Diputación, Teodoro Olarte. Prieto, antes de emprender viaje a Madrid, se despidió de su viejo amigo Olarte con palabras que hacían temer lo peor: "¡Teodoro, esto se ha acabado!". Las premoniciones de Prieto eran compartidas por la mayor parte de los observadores políticos. El mismo convencimiento —unido a su repulsa por la falta de firmeza del Gobierno— aparecía en las páginas del diario de Tomás Alfaro, los días 13 y 15 de julio de 1936:

Nos enteramos de los asesinatos del Teniente Castillo y de Calvo Sotelo. Recibí una honda conmoción … esto es el principio del fin… La tragedia se cierne sobre España (…).
Estos dos crímenes, epílogo de una serie de atentados y prólogo, sin duda, de días de sangre, han conmovido a toda España. Significan la guerra civil, el triunfo del hombre lobo (…). Sobre todo el de Calvo Sotelo, por las circunstancias en que fue realizado, llena de estupor. El poder público es ya un beligerante manifiesto en la lucha política (…).
España es un campo de batalla. El Gobierno no tiene ningún control, no se sabe adónde nos llevará su debilidad ante unas masas desbocadas. El caos se avecina (…). Quisiera equivocarme en mis vaticinios… pero…

El 16 de julio, el Ayuntamiento de Vitoria —a propuesta del concejal nacionalista Fernández de Trocóniz— acordaba por unanimidad protestar por el asesinato de Calvo Sotelo y por todos los que se habían cometido en las últimas semanas. Alfaro, que presidía la sesión, se mostró conforme con la propuesta de Trocóniz y añadió que aceptar como válido el atentado personal supondría el hundimiento de la sociedad. Al día siguiente, se iniciaba en el norte de África la sublevación militar. Por la noche comenzaron a correr por Vitoria los primeros rumores sobre los sucesos del Protectorado de España en Marruecos. El 18 de julio, los rumores se extendieron y se confirmaron. El gobernador civil trató de tranquilizar a la población, afirmando que la sublevación, controlada por el Gobierno, estaba circunscrita a Marruecos. Sin embargo, a última hora de la tarde de ese día se supo que la rebelión se había extendido a varias ciudades de la península.

Ante estos sucesos, varios dirigentes del Frente Popular y del PNV acordaron solicitar del gobernador la entrega de armas a sus militantes y la clausura de los centros de la Comunión Tradicionalista, implicada de lleno en la trama de la sublevación. Aunque algunos destacados derechistas vitorianos fueron detenidos durante unas horas, por la noche se supo que el gobernador, que era el republicano Ramón Navarro Vives, se había negado a entregar el armamento que se le pedía. Los nacionalistas declinaron su responsabilidad y ordenaron a sus afiliados que permanecieran en su domicilio, aunque se pusieron a las órdenes de Alfaro, como alcalde de la ciudad, por si necesitaba de ellos. Alfaro Fournier pensaba que la batalla estaba perdida y su único objetivo era ya evitar en Vitoria un derramamiento de sangre. Para ello, se trasladó a pasar la noche del 18 al 19 de julio al Gobierno Civil, con el fin de coordinar su actuación con las demás autoridades locales. Poco antes de salir para la sede del Gobierno, situada entonces junto al parque de la Florida, transcribía Alfaro en su diario lo que había significado el 18 de julio de 1936 en Vitoria:

Ayer estalló en África un movimiento militar. Por la noche de ayer llamó por teléfono mi hermana Anamaría para preguntarme si ocurría algo anormal, porque había intentado comunicar con San Sebastián y Bilbao y estaban cortadas las comunicaciones.
En vista de ello llamé por teléfono al Gobierno Civil. Salió al aparato el Teniente Coronel de la Guardia Civil señor Torres; poco después se puso al habla el secretario particular del gobernador, que me dijo que no ocurría nada, pero en sus palabras noté algo extraño (…).
Esta mañana, Alvarito Area, mi alumno, ha llegado a casa alborotado y me ha dado la noticia, que ya corre por toda la Ciudad. He

estado en el Gobierno; la guarnición de África está sublevada. Hay confusión en las noticias (…).
Por la tarde las noticias son más alarmantes. El movimiento se extiende por el sur de España. Por la noche estalla en Madrid. Me voy al Gobierno Civil a pasar la noche. Es preciso evitar en Vitoria una catástrofe. Creo que la República termina esta noche.

De nuevo, los hechos venían a refrendar las previsiones de Alfaro. La noche del 18 al 19 de julio, el gobernador militar de Vitoria se unía a los sublevados y acordaba proclamar el estado de guerra a las siete de la mañana del día siguiente. Tras conocer estas noticias, el gobernador civil conferenció con el Comité del Frente Popular y con Alfaro, acordándose la rendición para evitar un ya inútil holocausto de vidas humanas. A las seis de la mañana, Navarro Vives entregaba telefónicamente el mando de la provincia al gobernador militar. Alfaro Fournier abandonó el edificio del Gobierno Civil, que poco después sería ocupado por los tradicionalistas. Una hora más tarde, se proclamaba en Vitoria el estado de guerra.

Tomás Alfaro permaneció todo el día en su casa. Por la tarde, traspasó la alcaldía al derechista independiente, próximo a la CEDA, Pedro Rafael Santaolalla, nombrado alcalde por el nuevo gobernador. Un testigo recordaba mucho tiempo después lo humillante que fue para Alfaro entregar su bastón de mando al nuevo alcalde. Según un informe policial posterior, se habría incluso resistido a ceder su puesto. Sin embargo, otras fuentes indican que Santaolalla le permitió despedirse de los empleados municipales y que ambos se estrecharon después la mano amigablemente[16]. A continuación, Alfaro abandonó la Casa Consistorial y se trasladó a su domicilio, donde —antes de retirarse a descansar— aún tuvo tiempo de escribir los que serían últimos párrafos de su diario en esta fase de su vida[17]:

---

[16] Hay que tener en cuenta la amistad previa entre ambos, que habían coincidido en numerosas entidades vitorianas. Por ejemplo, en 1924 se celebró en el Nuevo Teatro un festival a beneficio de la Casa del Soldado: "Los señores don Tomás Alfaro y don Rafael Santaolalla, directores de la velada, con el triunfo conseguido, aumentaron, si cabe, el brillante historial que gozan de hombres cultos y de generosa hidalguía" (*La Libertad*, 26-II-1924).

[17] Después de la guerra, Alfaro continuó escribiendo su dietario, aunque lógicamente lo político pasó a ocupar un lugar menos destacado en sus páginas que en la etapa republicana. Sin embargo, al salir de la cárcel hizo un recuento de lo sucedido en ese tiempo de encierro, que se conserva, junto a cartas suyas de esa época. Su hijo (Alfaro Drake, 2018)

Paso la noche y la madrugada en el Gobierno Civil. Estoy demasiado impresionado para relatar con detalles todos los incidentes. Al amanecer ha sido requerido el gobernador civil por el Militar para entregar su mando. Así lo ha hecho. Felizmente no ha habido hechos sangrientos. A las cinco de la tarde me llaman al Ayuntamiento. Entrego la Alcaldía a Rafael Santaolalla, que me lo requiere en nombre de la autoridad militar.

¿Qué ocurre en el resto de España? Hace un día hermoso, rutilante de sol. Miro al cielo azul. Mi vida política ha terminado. Estoy satisfecho.

La República ha fracasado. Yo he trabajado honradamente pero ha sido inútil. Menos mal que Vitoria ha sido un oasis en el caos de toda España durante los últimos tiempos… Ahora… la Dictadura. Se ha tirado demasiado de la cuerda y ésta se ha roto.

Se había roto, en efecto, la cuerda de la República y de la vida política de Alfaro. Muy pocas horas después de que el ya depuesto alcalde de Vitoria escribiera estos párrafos en su diario, a las cuatro de la madrugada del 20 de julio de 1936, Tomás Alfaro Fournier veía interrumpido su sueño y era conducido a la cárcel de Vitoria, donde ingresó en calidad de detenido por orden gubernativa.

---

escribió que quizás "debería publicar estas cartas, tanto en letras de imprenta como en facsímil del texto, junto con los dibujos. Espero hacerlo algún día".

17. Casi tres años de prisión, 1936-1939

El general Francisco Franco, a la izquierda, rodeado de combatientes italianos y simpatizantes civiles, preside una parada militar en 1938, en la etapa final de la Guerra Civil.

Foto Agencia Agustín Villaverde. Fundación Sancho el Sabio.

Los años que siguieron a la noche del 19 al 20 de julio de 1936 fueron sin duda los más amargos de la vida de Alfaro[18]. Tras ingresar en la prisión de Vitoria, su peregrinaje por centros penitenciarios no terminó hasta enero de 1939. Sin embargo, los primeros días de Alfaro en la cárcel fueron relativamente apacibles. Los todavía escasos presos políticos eran tratados con exquisita cortesía por los funcionarios de prisiones, entre los que había algunos republicanos. Alfaro podía recibir visitas de familiares, de amigos (como el pintor Fernando de Amárica) e incluso de correligionarios políticos. Entre los que le visitaron en estos días se encontraban el alcalde Teodoro González de Zárate (que más tarde sería él mismo encarcelado y asesinado) y el diputado en las Constituyentes Félix Susaeta.

La situación cambió tras la visita que a finales de agosto de 1936 realizó a Vitoria el general Millán Astray, para *calentar* el ambiente político, frío y apático, de la capital alavesa. El nuevo delegado de orden público, Alfonso Sanz, inició una política mucho más restrictiva y endureció las condiciones de vida de los detenidos. Se suspendieron las visitas —incluso las de familiares—, se prohibió el envío de comida y paquetes a la cárcel y se obligó a los presos a efectuar trabajos de fortificación en el frente del Gorbea. A finales de agosto, comenzaron en Vitoria —donde hasta este momento apenas había habido que lamentar sucesos sangrientos— los primeros *paseos* o asesinatos de prisioneros políticos, cuyo número había aumentado considerablemente. A las dificultades propias de la vida carcelaria, había que añadir la incertidumbre sobre a quién o quiénes correspondería cada noche dejar la vida ante un pelotón de fusilamiento en cualquier paraje solitario cercano a Vitoria. Estos asesinatos fueron relativamente frecuentes entre septiembre y diciembre de 1936, aunque en general, tal y como han corroborado las investigaciones más recientes, la represión física en Álava fue durante la guerra mucho menor que en otras provincias.

No obstante, puede imaginarse la inquietud de Alfaro, preso en la cárcel de Vitoria, ante el cariz que iban tomando los acontecimientos. El 5 de sep-

---

[18] Este capítulo ha sido elaborado a partir de las anotaciones posteriores del propio Alfaro en su diario, de Gómez Calvo (2014), que reproduce los documentos del juicio militar a que fue sometido aquel, y de Alfaro Drake (2018).

tiembre escribía a su mujer: "Mis ideales están apagados. Comprendo que el Mundo no camina hoy por los senderos en que yo soñaba y que ya nada tengo que hacer". Entre tanto, había sido precisamente su mujer quien había iniciado las gestiones para su liberación. Algunas de estas gestiones las realizó por medio de las autoridades eclesiásticas, como Mateo Múgica, el obispo de Vitoria, que poco después —obligado por los sublevados, que le reprochaban una actitud demasiado complaciente con el nacionalismo vasco— tendría que abandonar su diócesis y marchar al extranjero. Así, el 17 de septiembre de 1936 Múgica escribía a Alfaro prometiéndole su ayuda y animándole a perdonar a sus enemigos y a recomenzar su vida en cristiano.

Dos días después, Alfaro —que nunca abandonó sus ideas políticas— escribía al gobernador civil, manifestándole su disconformidad con la actuación del Gobierno del Frente Popular durante la guerra. Destacadas personalidades de la derecha vitoriana, olvidando antiguas discrepancias políticas con Alfaro, se pusieron a su disposición y ayudaron a su esposa en las gestiones que ella seguía realizando ante las autoridades civiles y militares. A finales de septiembre de 1936, Tomás Alfaro recibió además una dolorosa noticia: el asesinato en zona republicana de casi toda su familia política, a manos de sus antiguos aliados. El padre y los hermanos de su mujer estaban pasando unos días en la finca El Calderín, situada en el término municipal de Los Yébenes (Toledo). El 23 de julio, un grupo de milicianos llegaron a la casa y se llevaron presos a toda la familia, incluyendo mujeres y niños. El suegro de Tomás Alfaro (Francisco Drake, marqués de Cañada Honda) fue el primero en ser asesinado, el 4 de agosto. En días sucesivos corrieron la misma suerte dos de sus hijos, Manuel y Rafael, y su yerno, Carlos Martínez Repullés. Las mujeres y los niños de la familia permanecieron varios días detenidos, hasta que los milicianos les permitieron marcharse. Aunque lo sospechaban, tardaron varios meses en conocer la suerte de sus familiares desaparecidos. Otro de los cuñados de Alfaro, Francisco, que era artillero y estaba destinado en el cuartel de la Montaña de Madrid, fue asesinado en noviembre de 1936 en Paracuellos. Para Alfaro, era una confirmación más de que, tras el fracaso de la sublevación militar, la situación en la zona de España gobernada por el Frente Popular no tenía nada que ver con la que él había querido hasta julio de ese año. Por otra parte, ese desquiciamiento era semejante —él lo estaba viviendo en su propia carne y en la de sus amigos— al que reinaba en la zona controlada por los militares sublevados.

Para la esposa de Alfaro, que seguía en Vitoria, tratando de ayudar a su marido, la noticia supuso un tremendo *shock*. Su hijo, Tomás Alfaro Drake, ha escrito que su hermana Asun recordaba "perfectamente la tarde en que alguien llegó a la casa de Vitoria y mi madre, que estaba con su amiga Conchita Zuazola, salió del cuarto de estar para hablar a solas con esa persona. Y cómo volvió a entrar, con la cara lívida y desencajada, acertando a decir sólo dos palabras: '¡A todos!'. Luego, llanto y dolor". A primeros de marzo de 1937, los supervivientes de la tragedia de Los Yébenes pudieron abandonar la zona republicana y llegaron a Vitoria, donde se reencontraron con María Drake, tal y como cuenta su hijo: "Las cartas cruzadas entre mi padre y mi madre sobre este tema son de una tristeza y un dolor inefables. Pero sin un sólo reproche. Al revés, hablan de la unión a través del dolor. Lo primero que hicieron mi abuela y mis tías al llegar a Vitoria fue ir a visitar a mi padre a la cárcel y darle un fuerte y cariñoso abrazo. ¡Eso es grandeza!".

Por si fuera poco, también había sido asesinado en zona republicana un hermano de Tomás, Ignacio Alfaro Fournier, de veintisiete años, que era alférez de navío y estaba en julio de 1936 en la base naval de Cartagena, que quedó bajo el control del bando leal a la República. Según su sobrino, Ignacio era de ideología comunista, algo poco frecuente entre la oficialidad de la marina, pero no por ello se libró de la muerte, en la matanza del 15 de agosto de 1936 en el buque *España nº 3*:

La marinería detuvo a todos los oficiales, y los encerró en la bodega del mercante *España nº 3* junto con otros militares, aviadores de la base de San Javier y Guardias Civiles. Como mi tío Ignacio era comunista, le dijeron que podía quedar libre y con mando, como ocurrió con el Teniente de Navío Antonio Ruiz González y otros oficiales. Pero mi tío dijo que él quería seguir la suerte de sus compañeros de armas. A las 2 y media de la madrugada del 15 de Agosto, el *España nº 3* salió del puerto de Cartagena y, una vez en alta mar, los 215 detenidos, mi tío entre ellos, fueron colocados en proa y popa y ametrallados. Luego se arrojaron al mar sus cadáveres, atados a lastres para que se hundiesen.

Mientras tanto, la mujer de Tomás Alfaro continuaba su interminable gira por los centros oficiales, en busca de la ansiada libertad para su marido. El 11 de abril de 1937, este fue trasladado al convento de los Carmelitas de Vitoria, en la calle Manuel Iradier, habilitado como cárcel provisional ante la avalancha de detenidos y de prisioneros de guerra. Estos aumentaron enormemente según se producía la toma de Vizcaya por el Ejército franquista. Entre los prisioneros se encontraban varios sacerdotes, capellanes del Ejército vasco, con los que algunos de los detenidos rezaban el rosario, en alta voz, todas las tardes.

El 26 de junio de 1937 Alfaro volvió a ser trasladado. En esta ocasión, su destino fue el centro penitenciario que se había habilitado en el convento de los Paúles de Murguía, donde llegó a haber más de 1.600 prisioneros. Allí, Alfaro pudo llevar una vida algo más sosegada que en Vitoria. Trabajaba en las oficinas de la prisión e incluso pudo escribir algún artículo —que apareció sin firma— para *Norte*, el diario falangista de Vitoria, que había sustituido a *La Libertad*. En diciembre de 1937, tras casi año y medio de privación de libertad, pasaba por fin a disposición del juez militar y era llevado a Burgos para ser juzgado. Tras la vista, que tuvo lugar el 12 de marzo de 1938, Alfaro fue condenado a seis años y un día de prisión mayor. No obstante, tras una revisión de penas, la sentencia fue rebajada a tres años de prisión menor. El informe policial que se presentó contra él consideraba que "su conducta no es mala, pero tenía gran influencia entre las masas por su posición y su cultura". Indicaba, además, que de la "actuación de extrema izquierda de este individuo podrían escribirse varias cuartillas", pues era de "ideas francamente extremistas y disolventes". Por el contrario, el militar que ejercía de abogado defensor suyo interpretaba los hechos de otra manera:

Nos encontramos ante un hombre ideológicamente equivocado pero en todo momento honrado y recto en su trayectoria que, dejándose llevar por el señuelo de tópicos tan manidos como el lema de la revolución francesa de 'libertad, fraternidad y igualdad', con la secuela característica del materialismo liberal del siglo XIX, vislumbra en una República democrática la panacea de un pueblo y, cuando se da cuenta que todo ello trae como fatal consecuencia el triunfo de lo bajo y hediondo, que los principios elementales en los que se debe basar todo pueblo civilizado, de familia, religión, orden, jerarquía, principios todos ellos morales inmutables se vienen abajo, rasga sus vestiduras en un arrepentimiento, si bien desde luego tardío.

Tal y como explica Javier Gómez Calvo, en su favor intervinieron militares, eclesiásticos y personalidades derechistas vitorianas:

Así las cosas, su juicio acabó movilizando a toda la derecha local a su favor, empezando por Rafael Santaolalla (que negó que Alfaro rechazara entregarle el bastón de mando y que alabó su gestión administrativa en el Ayuntamiento) y terminando en habituales avalistas como el siempre influyente Guillermo Elío, pero también Ángel García Benítez, militares de Renovación Española como Benito de la Brena, el jesuita Alfonso María Moreno o el comandante de Caballería Jesús Velasco. También movió los hilos pertinentes la futura marquesa de Cañada-Honda, su mujer María Drake, para que la sentencia fuera lo más favorable posible.

Tras el juicio, Alfaro marchó en marzo de 1938 al penal militar de Guadalupe, cerca de Fuenterrabía, donde debía cumplir su condena, debido a su condición de teniente de complemento. En diciembre de ese año fue trasladado a los cuarteles de Loyola, en el extrarradio de San Sebastián, donde —el 15 de enero de 1939— fue puesto en libertad condicional. Quizás fue entonces cuando, según recordaba años más tarde, el marqués de Lozoya tuvo ocasión de tratar frecuentemente con él, "en Vitoria, durante la guerra (...), en su propio taller, en asuntos relacionados con la defensa del tesoro artístico de España, en la cual yo trabajaba a las órdenes de Eugenio D'Ors y de Pedro Muguruza"[19]. Sin embargo, su hijo recuerda que "al final de la guerra estuvo unos meses en arresto domiciliario en Burgos, en casa de unos primos suyos, padres de los militares de aviación, hermanos Alfaro, que llegaron a ser ambos miembros del Alto Estado Mayor del Aire. El agradecimiento de mi padre hacia ellos por la cálida acogida y estancia que le depararon era inmenso".

Tras ser liberado, todavía tuvo que superar un nuevo proceso, derivado de la Ley de Responsabilidades Políticas, que castigaba con sanciones económicas a los desafectos al régimen, con el fin de pagar los gastos derivados de la contienda bélica. La sentencia de este tribunal especial, dada en Burgos el 6 de octubre de 1939, le condenó al pago de 4.500 pesetas de multa, en base a las siguientes consideraciones:

Tomás Alfaro Fournier fue condenado por el Consejo de Guerra celebrado en Burgos el 12 de Marzo de 1938 a seis años y un día

---

[19] Marqués de Lozoya, "Presentación" de Alfaro Fournier (1973: 13).

de prisión mayor por el delito de excitación a la rebelión, en cuya sentencia se dan como hechos probados: 'que el procesado, de ideales republicanos, se hallaba afiliado al partido Izquierda Republicana en el que tenía posición destacada, presidiendo varios actos de propaganda izquierdista y actuando en varios de ellos como orador; que hizo asimismo campaña periodística, publicando artículos en los que se hacía propaganda de ideología de extrema izquierda; que fue elegido Concejal del Ayuntamiento de Vitoria ostentando en aquel lapso de tiempo el cargo de Teniente Alcalde y últimamente el de Alcalde accidental hasta el mismo día en que se inició el Movimiento Nacional, fecha en que hizo entrega de su cargo sin resistencia al que fue a tomar posesión de él en nombre de la autoridad legítima del Estado', recogiéndose en la expresada sentencia y como circunstancias de atenuación 'la buena conducta privada, su actuación pública respecto a elementos de derechas, el no haber opuesto resistencia a entregar su puesto de Alcalde de Vitoria cuando se le requirió; y el haber intentado atenuar el mal que con su actuación se produjo y rehabilitar su conducta, solicitando se le permitiera alistarse como soldado raso en el Ejército Nacional durante la actual campaña'.

El expedientado Tomás Alfaro Fournier posee bienes valorados en nueve mil trescientas treinta pesetas.

Fallamos. Por unanimidad debemos condenar y condenamos a Tomás Alfaro Fournier como responsable político al pago de cuatro mil quinientas pesetas (…).

En la ciudad de Burgos a seis de Octubre de 1939[20].

---

[20] Gil Basterra (2006: 18-19).

18. Un exilio interior, 1939-1965

En Villa Paula, en el vitoriano Alto del Prado, pasó buena parte de sus últimos años Tomás Alfaro.
Foto Yanguas. Archivo Municipal de Vitoria-Gasteiz.

Después de la guerra, Tomás Alfaro trasladó su residencia a Madrid. Según su hijo, pese a que aún seguía contando con muchas amistades en su ciudad, "el ambiente de Vitoria de la posguerra, aunque ya estaba totalmente desengañado de la política, era irrespirable para él". Desde Madrid, siguió el desarrollo de la Segunda Guerra Mundial, muy pendiente de los acontecimientos: "Se alineó claramente con el bando aliado. Se hizo socio del Club Británico y desde él celebraba con sus amigos ingleses y americanos el giro favorable que tomaba la guerra para su bando". En la posguerra, trató de ayudar a sus correligionarios políticos de antaño, que sufrían las consecuencias de su actividad pública entre 1931 y 1936. Republicanos, socialistas y nacionalistas vascos sancionados o encarcelados, ya terminada la guerra, encontraron en Alfaro el amigo de siempre. Su intervención ayudó en ocasiones a poner fin a su exilio, tal y como sucedió con el catedrático de la Universidad de Barcelona Ángel de Apraiz, depurado por sus vinculaciones con el nacionalismo vasco[21]. Aunque aparentemente vivía integrado en el régimen, las ácidas críticas a la dictadura franquista que se cuelan en su manuscrito sobre la historia reciente de Vitoria, escrito en esta época, indican que al mismo tiempo vivía una suerte de *exilio interior*.

A pesar de haberse trasladado a vivir a Madrid, donde nacieron sus últimos hijos, no perdió la relación con el País Vasco. Sus estancias en la capital alavesa, así como los períodos que pasaba, durante el verano, en Fuenterrabía, fueron frecuentes. En Vitoria, cuando su situación económica lo permitió, compró una casa en el alto del Prado: Villa Paula. Su hijo recuerda que "poco a poco fue recuperando amistades, echando al olvido los desplantes y desaires que hubiera podido tener en el pasado. Su casa se convirtió en centro de las tertulias más entretenidas de Vitoria. A casa venían todas las fuerzas vivas de la ciudad, alcaldes y otros políticos, periodistas, escritores, músicos, etc.".

En esta etapa, Alfaro pudo dedicar más tiempo a sus innumerables y variadas aficiones: la pintura, la escultura, la composición musical y la lite-

---

[21] Según su hijo Tomás Alfaro Drake (2018), esta actividad no la realizó como letrado, pues en la posguerra "intentó ejercer la abogacía, pero para inscribirse en el Colegio de Abogados tenía que jurar los principios del movimiento, cosa que se negó a hacer".

ratura. Además de numerosos artículos en la prensa local, escribió y publicó su *Vida de la Ciudad de Vitoria* (1951) y, poco antes de su muerte, terminó el manuscrito de *El Rey don Pedro I de Castilla y de León. En homenaje al alavés D. Pero López de Ayala* (1965), que se editó de inmediato, pero ya como obra póstuma. Comenzó también la redacción de otro libro sobre la historia reciente de Vitoria, *Una ciudad desencantada*, que dejó inacabado y que solo se publicaría muchos años después de su fallecimiento. En palabras de Antonio Rivera, "su obra sobre Vitoria es el nexo que relaciona la producción historiográfica clásica (…) con la actual, académica y profesional"[22]. Además, en el último período de su vida retornó a la actividad empresarial, dando vida, junto a su cuñado, Manuel Bergareche, a varias sociedades de importación de material mecánico náutico, como SIMA, PROMA o COTEDISA. De una de estas sociedades (SIMA, S.A.) era presidente del Consejo de Administración al fallecer, el 31 de agosto de 1965, a los setenta y tres años de edad, en su casa vitoriana de Villa Paula.

La muerte de Tomás Alfaro Fournier fue sentida y lamentada por todos cuantos le habían conocido. En pleno franquismo, tanto la Diputación Foral de Álava como el Ayuntamiento de Vitoria hicieron constar su sentimiento por su fallecimiento y acudieron oficialmente a sus honras fúnebres. Todos los comentarios —olvidando las diferencias políticas anteriores— fueron de alabanza y agradecimiento para el finado. Es cierto que esto es habitual cuando fallece una persona, pero en este caso se trataba de la muerte de un destacado republicano de izquierdas, represaliado por una dictadura que seguía vigente en ese momento. Dadas las circunstancias del régimen político imperante, se obviaba la significación política con que había sido teniente de alcalde, pero no se ahorraban alabanzas a su actividad política a favor de Vitoria en la década de 1930. Así, el alcalde de la capital alavesa, Luis Ibarra Landete, destacó el "acendrado vitorianismo" de Alfaro, que "manifestó en todo momento un intenso amor a la Ciudad, por la que sintió ilusión grande, así en su actividad político-administrativa como en su actuación privada". El primer edil vitoriano recalcó que su predecesor en el cargo había mostrado "en todos sus actos un recto criterio y una gran comprensión"[23].

---

[22] Rivera (2021: 414).
[23] *Pensamiento Alavés*, 1-IX-1965. En 1977, el Ayuntamiento le dedicó una vía ("Calle Pintor Tomás Alfaro"), en el barrio de San Martín, una zona con nombres de pintores alaveses. En 2002, siendo alcalde Alfonso Alonso (Partido Popular) esa denominación se

En la misma línea, el elogio que de Alfaro hizo el diario tradicionalista *Pensamiento Alavés* destacaba el elenco de virtudes que habían llenado sus años de existencia, obviando el abismo ideológico entre las ideas del finado y el tradicionalismo franquista:

> Una embolia cerebral ha cortado el hilo de su vida, a los 73 años de edad, cuando nada hacía presagiar tan rápido desenlace. Escribimos estas páginas con el agobio de una auténtica pesadumbre (…).
> La noticia ha corrido pronto por Vitoria donde Tomás Alfaro gozaba de numerosas simpatías en todas las clases sociales. En más de un hogar humilde se rezará hoy apenadamente por el eterno descanso de su alma. Somos testigos de excepción de que a muchos de estos hogares humildes llegaba la mano de don Tomás Alfaro con la tónica de la sencillez y de ocultación que pregona el Evangelio cuando dice que la mano izquierda no sepa lo que da la mano derecha (…).
> La vida de don Tomás Alfaro fue vivida a presión. Su temperamento le impulsaba a las más dispares actividades (…).
> En todo puso siempre en primer puesto su españolismo sin tacha y su vitorianismo de buena ley. Sirvió a la ciudad en circunstancias difíciles, desde el Ayuntamiento, en el que ostentó el cargo de Primer Teniente de Alcalde, ejerciendo las funciones de Alcalde en períodos de compromiso. En todo momento fue siempre la suya una voz de cordura limpiamente vitoriana. Era, tal vez, su máximo orgullo (…).
> Hombre temperamentalmente generoso, daba su amistad a raudales y nunca volvió con las manos vacías quien acudía a él en demanda de ayuda. Estamos seguros de que Dios le habrá recompensado largamente todas sus bondades[24].

---

cambió a "Calle Tomás Alfaro", para expresar la trascendencia del personaje, más allá de su dedicación a la pintura. También lleva su nombre desde 2001 una residencia universitaria de la UPV/EHU en Vitoria, inaugurada siendo vicerrector del campus Antonio Rivera Blanco, el editor de sus obras históricas sobre la ciudad.
[24] *Pensamiento Alavés*, 31-VIII-1965.

Años más tarde, el marqués de Lozoya (un gran historiador del arte y buen amigo suyo, pese a estar ideológicamente alejado de él) hacía la siguiente semblanza de Alfaro Fournier:

> Era un fino espíritu de artista y de literato, que cultivó la pintura, sobre todo el paisaje, y la escultura; que compuso música y que fue escritor notable (…). Desde su infancia su vida quedó vinculada a Vitoria, la bella ciudad a las cual adoraba y de la cual fue teniente alcalde y alcalde en funciones. La cultura española tiene con Tomás Alfaro una deuda de gratitud (…). Su labor abrumadora, infatigable, sólo pudo ser interrumpida por la muerte[25].

Probablemente, el sentido que quiso dar a su vida se resume en las palabras que él mismo escribió como prefacio a *Una ciudad desencantada*, obra publicada póstumamente, en la que se narra la historia de Vitoria en el siglo XX. Tomás Alfaro Fournier quería que su manera de estudiar la historia —y, podríamos añadir, toda su vida— sirviera "para alentar la esperanza de un Mundo mejor que, dirigido por rutas de comprensión, conduzca hacia los ideales máximos de justicia y libertad, hacia metas en que la Historia y la Ética se confundan en hermandad indisoluble"[26].

---

[25] Marqués de Lozoya, "Presentación" de Alfaro Fournier (1973: 13).
[26] Alfaro Fournier (1987: 17).

Bibliografía

Alfaro Drake, Tomás: *Mi memoria histórica familiar*, http://tadurraca.blogspot.com, 2018.

Alfaro Fournier, Tomás: *Vida de la Ciudad de Vitoria*, Madrid, Magisterio Español, 1951.

—: *El Rey don Pedro I de Castilla y de León. En homenaje al alavés D. Pero López de Ayala*, Vitoria, Fournier, 1965 (Reedición: *Las Justicias del Rey*, Madrid, Magisterio Español, 1973).

—: *Una ciudad desencantada. Vitoria y el mundo que la circunda en el siglo XX*, Vitoria-Gasteiz, Diputación Foral de Álava, 1987. Edición de Antonio Rivera.

—: *Obra completa sobre Vitoria de Tomás Alfaro Fournier* (contiene los volúmenes *Vida de la ciudad de Vitoria*, *Una ciudad desencantada* y *Una ciudad desencantada. Segunda parte*), Vitoria-Gasteiz, Diputación Foral de Álava, 1995. Edición de Antonio Rivera.

Archivo Municipal Pilar Aróstegui: *Tomás Alfaro Fournier, Balbino Sobrado Cobas. Argazkiak 1909-1931 Fotografías*, Vitoria-Gasteiz, Ayuntamiento, 2012.

De Pablo, Santiago: *La Segunda República en Álava: elecciones, partidos y vida política*, Bilbao, UPV/EHU, 1989.

—: *Gente corriente en tiempos convulsos. La vida cotidiana en el País Vasco (1931-1939)*, Vitoria-Gasteiz, Betagarri Liburuak, 2023.

Gil Basterra, Iñaki: *Jurisdicción especial y represión franquista en Álava (1936-1942). Documentación del Tribunal de Responsabilidades Políticas para Álava*, Vitoria-Gasteiz, Gobierno Vasco, 2006.

Gómez Calvo, Javier: *Matar, purgar, sanar. La represión franquista en Álava*, Madrid, Tecnos, 2014.

Rivera, Antonio: *La ciudad levítica. Continuidad y cambio en una ciudad del interior (Vitoria, 1876-1936)*, Vitoria-Gasteiz, Diputación Foral de Álava, 1992.

—: "Tomás Alfaro: una biografía y una historia en la primera mitad del siglo XX", en *La Historia de Álava a través de sus personajes*, Vitoria-Gasteiz, Real Sociedad Bascongada de los Amigos del País, 2003, pp. 145-172.

—: *La utopía futura. Las izquierdas en Álava*, Vitoria-Gasteiz, Ikusager, 2008.

—: "Alfaro Fournier, Tomás", en Juan Madariaga Orbea (ed.): *Notitia Vasconiae. Diccionario de historiadores, juristas y pensadores políticos de Vasconia. Tomo III, 1876-1936*, Madrid, Fundación Iura Vasconiae/Marcial Pons, 2021, pp. 413-416.

Sanz Legaristi, Pedro: *Elecciones municipales de 1931 en Vitoria*, Vitoria-Gasteiz, Diputación Foral de Álava, 1985.

V.V. A.A.: "Tomás Alfaro Fournier (1892-1965)", en *Biblioteca. Pintores y Escultores vascos de ayer, hoy y mañana*, Bilbao, La Gran Enciclopedia Vasca, 1977, vol. XV, fascículo 141, pp. 1-24.

Índice onomástico

Álava insólita. Símbolos, mitos y lugares de memoria. de Pablo, Santiago; López de Maturana, Virginia
978-84-16809-97-4   ENSAYO   320 págs.   25,00 €
Testigo de cargo. La historia de ETA y sus víctimas en televisión. de Pablo, Santiago; Mota Zurdo, David; López de Maturana, Virgina
978-84-17634-24-7   ENSAYO   224 págs.   23,00 €
Los sacamantecas. Realidad y mito. El sacamantecas vitoriano. Romero, Eladio
978-84-16809-04-2   ENSAYO   160 págs.   12,50 €
Parir y criar. Matronas y nodrizas en la Vitoria de los siglos XVIII y XIX. Ferreiro, Manuel; Lezaun, Juan
978-84-17634-52-0   ENSAYO   184 págs.   17,00 €
Britannia forever. Gómara, Miguel
978-84-19227-48-5   NOVELA   256 págs.   19,00 €
Progreso al pasado. Castrillo, Aitor
978-84-19227-47-8   NOVELA   268 págs.   19,00 €
Morir como Julieta. Trouillhet Arana, Haizea
978-84-19227-46-1   NOVELA   320 págs.   20,00 €
Bilbao. Avatares de la historia. Cava Mesa, M. Jesús
978-84-19227-45-4   ENSAYO   400 págs.   27,00 €
La pregunta incesante. Bajo la piel de las palabras. Irizar, Lierni; Liberman, Arnoldo.
978-84-19227-41-6   ENSAYO   328 págs.   27,00 €
100 poemas inesperados. Aguirre, Santiago
978-84-19227-40-9   POESÍA   136 págs.   12,00 €
La mentira de vivir. Soñar es un arte peligroso. Aguilera, Tontxi
978-84-19227-38-6 NARRATIVA 258 págs.   19,00 €
A ciegas. López Echeverría, Mikel
987-84-19227-37-9   NOVELA   244 págs.   19,00 €
El voto nulo. Cuartero, Mª Pilar
978-84-19227-36-2   NOVELA   256 págs.   19,00 €
Lea la hierba. Rodríguez Lara, José Joaquín
978-84-19227-35-5   NOVELA   132 págs.   16,00 €
Una luz en el espigón. Torrealdea, Kepa
978-84-19227-34-8   NOVELA   316 págs.   19,00 €
Tala Films. Guiones lekeitianos. Arriola Arana, J. M.
978-84-19227-33-1   NOVELA   332 págs.   19,00 €
Aventuras en autocaravana: Aquellos años de la marea naranja en el Tour de Francia. Bargos Cucó, Alberto.
978-84-19227-32-4 NARRATIVA 212 págs.   18,00 €
2025 El algoritmo del Big Brother. Gabiña, Juanjo.
978-84-19227-31-7   NOVELA   352 págs.   25,00 €
Freud y Einstein no van a la guerra. Markez, Iñaki.
978-84-19227-30-0   ENSAYO   256 págs.   25,00 €
Rescoldos de la vida. Villota Elejalde, Ignacio.
978-84-19227-29-4 NARRATIVA 212 págs.   27,00 €

Relatados. Ficciones en pareja. Cobos, Ana; Sabogal, Héctor.
978-84-19227-28-7   RELATOS   168 págs.   15,00 €
Ecos del alma. Galán, Andrés.
978-84-19227-17-1   POESÍA   152 págs.   15,00 €
Crónica de 30 años en primera línea: ETA, Euskadi y el mundo. Raso, Fidel.
978-84-19227-14-0   ENSAYO   336 págs.   27,00 €
Discursos que han hecho historia. Arana, José Ramón.
978-84-19227-13-3   ENSAYO   316 págs.   27,00 €
1489. El mapa vasco del Nuevo Mundo. Gabiña, J.
978-84-19227-12-6   NOVELA   344 págs.   25,00 €
Dos más dos son diez. Las palabras que cuentan. Irizar, Lierni; Liberman, Arnoldo.
978-84-19227-11-9   ENSAYO   504 págs.   29,00 €
Versos desdoblados. Sancho Barros, José Luis.
978-84-19227-10-2   POESÍA   88 págs.   13,00 €
Bilbao. Un paseo en acuarela. Ciordia, Elena.
978-84-19227-09-6   ENSAYO   68 págs.   20,00 €
Cualquier enamorado es un adolescente. Latatu, I.
978-84-19227-08-9   POESÍA   80 págs.   12,00 €
Cuido una planta bella que ama y busca la sombra. XIV PREMIO DE POESÍA BLAS DE OTERO-ÁNGELA FIGUERA DE LA VILLA DE BILBAO. Crespo, Ramón.
978-84-19227-07-2   POESÍA   68 págs.   10,00 €
Agustín Bilbao. Dibujo I. Bilbao, Agustín.
978-84-19227-06-5   ENSAYO   212 págs.   29,00 €
Salburua. Un año en la vida de los humedales. Frías Sáez, José Javier.
978-84-19227-04-1   ENSAYO   200 págs.   30,00 €
Escondite divino: la muerte. Palacios, Miren E.
978-84-19227-03-4   ENSAYO   112 págs.   14,50 €
¡Vamos de excursión! Revert Godoy, Olaia.
978-84-19227-02-7   LEC. FÁCIL 60 págs.   12,50 €
El resurgir de la llama. Gete, Víctor Manuel.
978-84-19227-01-0   NOVELA   352 págs.   17,00 €
Relatos en alfabeto. Cobos, Ana.
978-84-17634-99-5   RELATOS   122 págs.   13,00 €
Bajo las alas de mi vuelo. Álvarez García, Marian.
978-84-17634-96-4   POESÍA   180 págs.   14,50 €
La mágica aventura de Alaia. Un cuento sobre mitología vasca. Sebastián, Isabel.
978-84-17634-90-2   CUENTOS   52 págs.   14,50 €
El misterio del libro escondido. Rara avis liber. Amigo, María Luisa.
978-84-17634-87-2   CUENTOS   152 págs.   10,00 €